Marilyn

Marie-Magdeleine Lessana

Marilyn

Retrato de uma estrela

Tradução:
André Telles

Jorge ZAHAR Editor
Rio de Janeiro

Para Arrigo

Título original:
Marilyn
(Portrait d'une apparition)

Tradução autorizada da primeira edição francesa,
publicada em 2005 por Bayard,
de Paris, França

Jorge Zahar Editor Ltda.
rua México 31 sobreloja
20031-144 Rio de Janeiro, RJ
tel.: (21) 2108-0808 / fax: (21) 2108-0800
e-mail: jze@zahar.com.br
site: www.zahar.com.br

Capa: Dupla Design
Ilustrações da capa: © Bettmann/Corbis; © Hulton-Deutsch Collection/Corbis

CIP-Brasil. Catalogação-na-fonte
Sindicato Nacional dos Editores de Livros, RJ.

Lessana, Marie-Magdeleine, 1944-
L632m Marilyn: retrato de uma estrela / Marie-Magdeleine Lessana; tradução, André Telles.— Rio de Janeiro: Jorge Zahar Ed., 2006
il.

Tradução de: Marilyn: (Portrait d'une apparition)
ISBN 85-7110-961-3

1. Monroe, Marilyn, 1926-1962. 2. Atores e atrizes de cinema – Estados Unidos – Biografia. I. Título.

CDD 927.9143028
06-3811 CDU 929:791.44.071

Sumário

Prólogo

"Era uma loucura. É uma história da minha infância: minha mãe adorava a Marilyn, tínhamos um pôster dela no apartamento, perguntei quem era. Ela me respondeu: 'É Marilyn Monroe, era linda, uma estrela, suicidou-se com barbitúricos!' Eu tinha oito ou nove anos, aquilo me perturbou. Não foi de imediato, mas aos pouquinhos. Tive de fazer outras perguntas a minha mãe. Eu, que ao contrário da minha irmã, não lia muito, comprei livros sobre as estrelas de cinema e a coisa concentrou-se em Marilyn. Era uma ligação, um vínculo entre mim e minha mãe que não dizia respeito a mais ninguém. Para mim, Marilyn era uma imagem maternal, doce, tranqüilizadora, que tinha o perfume do seio materno. Apesar disso, diziam que não tivera filhos. Eu era um pouco mística, religiosa, falava com ela, fazia pequenas orações, achava que ela me ouvia, punha fotos dela embaixo do colchão. Quando prendia uma foto na parede, tomava cuidado para não furar sua pele com a tachinha. Não falava sobre o assunto, era segredo total. Forrei todas as paredes do meu pequeno quarto com imagens da Marilyn, inclusive o teto e as vidraças; não entrava luz no quarto, não havia um centímetro quadrado sem a presença dela. Não me lembro de ver meus pais preocupados com isso. Acho até que a minha mãe incentivava. Em todo caso, não me repreendiam. Até hoje, ter uma foto de Marilyn comigo continua a me acalmar. Fiquei viciada em colecionar, quis ter tudo sobre ela, tudo, tudo. Livros, fotos, reportagens, e, se visse o nome de Marilyn escrito em algum lugar, eu tinha que pegar, recortar, me apropriar dele. Todas as bugigangas, caixas, insígnias, broches, adesivos, cartazes, CDs, os filmes, claro, tudo. Uma parenta psiquiatra comentou com meus pais: 'É como se ela brincasse de boneca.' Mas não era só isso! Marilyn era um paradoxo.

Isso foi antes das revelações de um possível assassinato. Para mim, tinha sido suicídio. Eu era romântica, queria ser uma estrela. Perguntava-me: como uma mulher tão bela, tão amada, uma estrela tão perfeita pode ter se suicidado? Era um mistério. Eu queria ser igual a ela. Morreria aos trinta e seis anos. Achava normal. Qual a graça de viver depois dos trinta e seis! No meu pensamento mágico, achava que seria uma estrela de Hollywood. Eu estava no colégio primário. Queria entrar para o Actor's Studio. Mais tarde fui apresentada a algumas pessoas que faziam seleção de atores, graças a um amigo dos meus pais, e me prometeram um teste. O cara deu em cima de mim, que horror! Eu tinha treze, quatorze anos. É aquela fantasia, alguém vai chegar e dizer: 'É você! Você encarna a personagem perfeitamente, é quem estou procurando. Vou fazer de você alguém que os outros irão amar.' A imagem e o amor dos outros. Minha paixão por Marilyn continuou, mas de modo diferente. Eu tinha apenas imagens de Marilyn na parede, mas não lhe dirigia mais orações. Era uma necessidade, estava escrito que eu tinha de ter Marilyns ao meu redor. Não podia colocar outra coisa na parede, era proibido. Teria sido uma infidelidade. Nesse novo apartamento em que eu e meu marido estamos há dois anos, eu não tinha intenção de colocar Marilyns nas paredes, mas, assim mesmo, coloquei. Diante das hipóteses de assassinato, fiquei perplexa, não consigo compreender, leio em vão, não me lembro, não entendo, fico com a minha história de antes. Aliás, não era a atriz, era a imagem que contava."

Declarações dadas por uma jovem
no início do século XXI.

Introdução

Sabemos que a mãe de Marilyn Monroe era considerada louca, que o pai era desconhecido e que em sua infância ela viveu com várias famílias sem recursos, além de passar dois anos no orfanato. Poderíamos então esperar uma explicação do fenômeno Marilyn Monroe pela decifração do seu passado. Tal procedimento resultaria automaticamente em mais uma versão *People* de sua vida, com interpretações em forma de justificativas que, como todas as explicações, são simplistas demais, uma vez que só fazem especular e apresentar opiniões caricaturais e acusações, criando santos e pecadores... Os biógrafos norte-americanos, por sinal, atribuíram muito do impacto da imagem de Marilyn à sua vulnerabilidade de criança abandonada, o que nos faria amá-la tanto. Para mim, porém, Marilyn é uma obra de arte. Abordar Marilyn Monroe como artista, traçar um retrato seu como criação baseada em fotos e filmes, sem esquecer os testemunhos, eis a minha posição psicanalítica.

Sua luminosidade, descoberta espontaneamente, é objeto de uma renovada e incessante criação. Marilyn foi uma grande estrela e continua a brilhar. O fenômeno Monroe não consiste apenas na imagem de uma mulher glamourosa, um *sex-symbol*, que marca a metamorfose de uma época; é uma força, um sopro, imagem em movimento, uma fantasia viva cujo impacto foi incrível e cuja magia continua a enfeitiçar intensamente a todos nós.

Marilyn permanece atual nos mais diversos pontos do planeta. Na primavera de 2004, os cartazes que anunciavam o Festival de Cannes nas ruas de Paris mostravam sua silhueta sorridente, inclinada, segurando a saia esvoaçante, célebre passagem do filme *O pecado mora ao lado* (*The Seven Year Itch*). Nos pontos de ônibus da cidade, em uma publicidade da grife de roupas Morgan, uma moça sósia de Marilyn no filme *Something's Got to Give*, magra, platinada, mostra a mesma saia *à la* Marilyn. Ela diz: "Sou Morgan para você!", mas poderia estar dizendo "Sou Marilyn para você!" Ao folhearmos as revistas gays, é fácil constatar que as poses e maquiagens de Marilyn servem de modelo para os travestimentos e adereços paródicos do feminino. Continuando a passear diante das vitrines das lojas, aqui e ali despontam as imagens de como se tornar Marilyn nos mais diversos e imaginários contextos. Falam-me de uma exposição de fotos inéditas da atriz feitas por Sam Shaw, atualmente em Berlim e Montpellier. Em Viena, numa exposição de retratos, Nam June Paik preferiu projetar vídeos com imagens jornalísticas da morte de Marilyn Monroe. Depois fico sabendo de uma boate em Tóquio, o New Marilyn Club, onde se reúnem mulheres desencantadas com os homens e que optam por ter relações íntimas com mulheres vestidas de homem etc.

Marilyn, eis um nome, eis uma imagem que oferece uma possibilidade fecunda para o entrelaçamento de erotismos estranhos, que serve de emblema, de superfície perturbadora onde inscrever o gesto que arrebata e convida a um tornar-se Marilyn. Nenhum estereótipo, nenhuma liberdade forçada nem frêmito erótico. A presença de Marilyn, imagem sempre inédita, vem em nossa direção, estranha, atemporal, perturbadora.

Marilyn Monroe é imagem fugaz. Uma chama tremeluzente multiplicada ao infinito, uma presença intacta que, a qualquer instante, pode desaparecer. Imagem tão difícil de captar que todos os biógrafos e testemunhas costumam fabricar uma idéia do destino da mulher Marilyn, distorcendo informações para justificar sua própria tese, em geral de forma exagerada, como para provar que detêm alguma coisa de irrefutável. Mas Marilyn se agita, não se deixa apanhar, explode os clichês. Sua imagem, em contraste com a extrema visibilidade resultante de sua evidência e legibilidade, na verdade se distancia e nos afasta. Ela sempre surpreendeu quem a tentou rotular, pois nunca era de um jeito único. O fenômeno Marilyn constitui antes um insidioso movimento de se apartar sob o véu de uma íntima proximidade visual.

Todas as vezes que eu ia começar a escrever, só o conseguia depois de ter visto antes várias fotos ou assistido aos filmes de Marilyn para receber o efeito de sua presença. A posição do pesquisador objetivo não se adequava, convinha deixar-se aspirar pelo movimento sem retê-lo.

Suprimi portanto a maioria das aspas que delimitavam citações oriundas de fontes não comprovadas ou de traduções inexatas. Eliminei o máximo possível as formulações desagradáveis como "dizem" ou "conta-se que" referentes a elementos ditos e repetidos por todos os biógrafos. Mantive as características incontestavelmente presentes em todas as biografias que li. E as formulo ao meu modo. Não se trata aqui, então, de uma biografia, uma análise de caso ou um levantamento, mas da fusão do retrato do artista com sua obra: uma lenda. "Lenda", de *legenda*: *o que deve ser lido*. Dar a ler a singularidade de Marilyn Monroe a fim de que cada um descubra, talvez, o que é isso — que só não tem coerência para Marilyn, cuja obra não se dissocia da pessoa. Marilyn não se materializa apenas em filmes, gravações e fotos: é também um movimento, uma presença em ação que ilude o tempo.

No meio do caminho descobri que Marilyn Monroe recorrera com freqüência a psicanalistas, que tentaram ajudá-la à sua maneira. Como veremos, esses encontros passam uma terrível impressão de terem sido frustrados. Tentei consultar suas correspondências a respeito, mas elas permanecem inacessíveis, como se encerrassem uma bomba-relógio. Marilyn continua ao mesmo tempo perigosa e viva.

Parte I

Norma Jeane Mortensen

1

Uma garota da Califórnia

Algumas referências biográficas para nos aproximarmos de Marilyn. Nascida em 1º de junho de 1926, em Los Angeles, Norma Jeane Mortensen pertencia a um meio que poderíamos chamar de subproletário californiano. Seus avós e pais não tinham emprego fixo, uns trabalhavam na construção de ferrovias para o México, outros em estúdios de cinema. Gladys Mortensen, sua mãe, já tinha dois filhos de outro casamento, declarados "falecidos" por ocasião do nascimento da pequena Norma, quando, na realidade, viviam com o pai, o sr. Baker. Martin Edward Mortensen estava longe do domicílio conjugal há um certo tempo quando Norma nasceu. Não se declarou que o pai da criança era desconhecido (ao contrário do que foi dito), mas que tinha paradeiro ignorado. Seu pai oficial, portanto, é Martin Edward Mortensen.

Tomar liberdades com declarações de estado civil não era raro nessa família. A época — pioneira na Califórnia, para variar — exigia isso, ou seria esta característica de uma subcultura familiar um tanto maluca? Certamente há razões históricas e sociais para tantos casamentos efêmeros e divórcios naquela região do Oeste. Manipular os dados de estado civil devia ser prática corrente também. Assim, a mãe de Marilyn, Gladys, casou-se com Baker aos quatorze anos, mas declarou, com a cumplicidade da mãe, Della, ter dezoito. Nunca admitiu ser a mãe de seu primeiro filho, Jack Baker, cuja maternidade foi assumida pela avó. Quando Berniece, a segunda filha, nasceu, foi declarada como primogênita. Gladys divorciou-se de Baker em 1921 e nunca mais quis saber dos dois primeiros filhos.

Em sua autobiografia editada,[1] Marilyn conta que um dia sua mãe flagrou o marido com outra mulher. Depois de uma cena violenta e da conseqüente separação, Baker teria voltado e raptado os filhos. Gladys, segundo Marilyn, teria feito múltiplas tentativas para resgatá-los.

No trabalho de montadora para as Consolidated Film Industries, Gladys fez grande amizade com sua chefe hierárquica, Grace McKee, documentarista, com quem se instalou em Hollywood após o fim do primeiro casamento. As duas amigas só pensavam em se divertir e seduzir os homens que estavam por perto. Uma era loura oxigenada, uma "*good time girl*"; a outra, Gladys, tingira os cabelos de ruivo: eram as "*flappers*" (as "garotas da fuzarca")! No verão de 1924, Gladys conheceu o medidor de relógios de gás Martin Mortensen, e casou-se com ele em outubro. Quatro meses depois deixou o marido para morar novamente com Grace. Martin fez diversas tentativas de voltar e defender a mulher dos assédios um tanto vulgares dos outros homens. Gladys nunca disse exatamente de quem engravidara em 1925. Diversos homens teriam sido seus amantes. O nome de um deles é citado insistentemente como origem dessa gravidez: Charles Stanley Gifford, contramestre na Consolidated. Era o único cuja foto reinava no quarto de Gladys. E também aquele que um dia ela disse a Norma ser seu pai.

Logo depois do nascimento de Norma Jeane, em junho de 1926, Gladys entregou a filha a uma família adotiva: Ida e Albert Bolender, que moravam em frente à sua mãe, em Howthorne, a cerca de vinte e cinco quilômetros de Hollywood. Teria sido por motivos de respeitabilidade e conforto que Gladys deixou a filha com uma família estável e distante do meio onde vivia, ainda por cima sob a responsabilidade da mãe? Esses fatores deviam se conjugar com o fato de que ela não se sentia apta a cuidar sozinha de uma criança; tampouco estava disposta a dividir o teto com um homem. Tudo indica que ela precisava de uma mulher que a controlasse, e foi Grace, sua superior hierárquica, quem ocupou essa função depois de Della, sua mãe.

Em agosto de 1927, Della teve um acesso de loucura e quebrou as vidraças dos Bolender berrando o nome da pequena Norma Jeane.[2] Marilyn contou que a avó tentara sufocá-la com um travesseiro,[3] e os pais adotivos chamaram a polícia, que levou a senhora para o asilo de Norwalk, onde ela morreu de um problema cardíaco dias depois. A criança Norma Jeane certamente ocupava um lugar muito forte na relação louca entre mãe e filha. Nada mais sabemos sobre isso.

Em agosto de 1928, Gladys divorciou-se de Martin Mortensen. Era ela quem pagava a pensão da filha e lhe fazia visitas ocasionais.

Norma recebeu educação severa, religiosa e formal na família Bolender, em que o pai era carteiro e a mãe criava o próprio filho com outras crianças adotadas. Eles pertenciam a uma seita evangélica, os pentecostais. Segundo Marilyn, Albert Bolender foi o único homem que respondeu às suas perguntas.

Nessa época, quando estava na igreja e a música do órgão ressoava, Norma entrava em transe. Marilyn escreveu:

> Eu sentia uma vontade irresistível de tirar toda a roupa. Queria desesperadamente me levantar toda nua para que Deus e os outros me olhassem, tinha que cerrar os dentes e sentar em cima das mãos para não me despir. Às vezes limitava-me a rezar fervorosamente e suplicar ao Senhor que me desse forças para permanecer vestida. ... Nos meus sonhos, eu entrava na igreja usando uma saia rodada, sem nada por baixo. Os fiéis estavam deitados de costas, eu passava por cima deles e eles olhavam por sob a minha saia... Sentia-me menos sozinha quando sonhava que as pessoas me olhavam.[4]

Sabemos que Marilyn adulta adorava ficar nua sob as roupas, sob os lençóis, sob um penhoar, em casa. Gostava também de impressionar os outros deixando ingenuamente as formas à mostra — premonição da fugaz cena da saia levantada.

Segundo os biógrafos, Norma adotou um cãozinho que foi seu fiel companheiro, ao qual deu o nome de Tippy. Pouco depois do seu aniversário de sete anos, um vizinho irascível, irritado com os latidos, matou o cão com um tiro de fuzil. Em sua autobiografia editada, Marilyn relata a história de outra forma. Diz que, ao voltar para casa depois de uma operação de amídalas, um cachorro ao qual era afeiçoada começou a latir de alegria; um vizinho furioso jogou uma pá no animal e quase o cortou em dois! O sofrimento que prostrou a pequena Norma foi tamanho que os Bolender acabaram chamando Gladys, que chegou acompanhada por Grace e levou a filha com ela. Assim, Norma deixou definitivamente a família que a criara durante os primeiros sete anos de vida, tendo dito, mais tarde, que esse foi o primeiro dia feliz de sua vida. Ia finalmente morar com a mãe.

Graças a um empréstimo de parentes distantes, Gladys comprou uma casa perto do Hollywood Bowl. Alugou quatro dos seis cômodos a um casal de atores ingleses e conservou dois para morar com Norma. Esse novo espaço era ocupado por duas coisas significativas: um piano branco meia-cauda e, na parede, uma única foto, de Charles Stanley Gifford,[5] suposto pai de Norma. A menina adorava essa fotografia. Aquele "pai" usava um boné de feltro mole ligeiramente inclinado e um bigode fino que lembrava Clark Gable. "Ele morreu num acidente de carro", dizia Gladys quando a filha a interrogava sobre o assunto. Gladys lhe contara que eles moravam no mesmo prédio e que ele a largara assim que Norma nasceu, sem nunca mais procurá-la. A menina começou a sonhar com ele. Em todos os seus devaneios, "mesmo os mais delirantes", ele não tirava o chapéu. Mais tarde escreveu: "Tudo o que eu ficava sabendo sobre ele o tornava ainda mais querido para mim."

Por essa época, ainda trabalhando como montadora, Gladys quis assumir plenamente a filha. Nas palavras de Marilyn (em 1960), a vida então (1933) se tornara

> mais informal e agitada ... Quando eles trabalhavam, trabalhavam duro, mas o resto do tempo gozavam a vida. Gostavam de dançar e cantar, bebiam e jogavam cartas, tinham um monte de amigos. ... Quanto a mim, por causa da minha educação religiosa, ficava terrivelmente chocada. Convencida de que iriam todos para o inferno, passava horas rezando por eles.[6]

Ela vivia grande parte do dia dentro do armário de roupas. Sua mãe não parava de lhe dizer: "Não faça tanto barulho, Norma", mesmo quando se contentava em folhear um livro. Um rumor das folhas que fizesse bastava para incomodar Gladys. Norma devia ser mais fina e silenciosa que uma folha de papel!

A menina passou sem transição da igreja para o cinema, que se tornou o local de seus programas de domingo. Deixavam-na lá de manhã, e ela assistia ao mesmo filme o dia inteiro. Sua mãe e Grace admiravam muito Jean Harlow, de quem Norma Jeane tinha o prenome, com um "e" suplementar. Na escola primária, foi matriculada como Norma Jean, ortografia mais clássica. Esse mesmo erro era freqüente.

Em maio de 1933, o avô de Gladys, fazendeiro, desesperado com os problemas de dinheiro, tinha se enforcado. Gladys, mesmo sem conhecê-lo, ficou num estado lastimável: "A noite chegava, ela se punha a perambular pelos cômodos murmurando orações e entoando versículos da Bíblia."[7] Convenceu-se de que havia herdado um desequilíbrio que corria na família, começou a beber, consultou médicos que lhe receitaram remédios. Em suma, no início de 1934 — ela mal completara trinta e dois anos e a filha ainda não fizera oito —, Gladys teve, segundo Marilyn, um acesso de gritos misturados a risadas e foi hospitalizada em um asilo. Sua filha morara apenas alguns meses com ela e teve de ser acolhida pela onipresente Grace McKee. A respeito da mãe Marilyn escreveu: "Era uma mulher que nunca sorria, ... nunca me abraçava nem botava no colo."

Dizem que Grace adorava Norma.[8] Convenceu-a de que ela seria uma grande atriz, uma estrela de cinema, como Jean Harlow (primeira atriz de cinema a ter os cabelos louros platinados). Assim, Harlow tornou-se também o ídolo da pequena Norma Jeane.

Gladys visitava a filha e Grace em alguns domingos, iam a restaurantes e depois ao cinema. Entretanto, no outono, foi preciso vender a casa de Hollywood Bowl, e, como Grace decidira ser a tutora legal de Norma Jeane, esta precisava permanecer seis meses no orfanato, tempo necessário para que a tutela fosse aceita. "O estado da Califórnia exigia uma prova da incapacidade permanente dos pais naturais." "Grace obteve uma declaração oficial dos médicos de Gladys diagnosticando-a como louca."[9] Ela foi transferida para o Norwalk State Hospital (onde Della estivera hospitalizada). "Sua doença", dizia o relatório do chefe de serviço, "caracteriza-se ao mesmo tempo por constantes preocupações religiosas e por uma profunda depressão e grande agitação. Parece que a doença atingiu o estado crônico."[10] Antes de ir para o orfanato, Norma Jeane foi entregue a uma família, os Giffen, e depois à mãe de Grace, Emma Atchinson. Grace solicitou em seguida ao tribunal para se tornar a única administradora dos negócios de Gladys.

No dia do nono aniversário de Norma Jeane, Grace recebeu pleno usufruto de todos os bens de Gladys: o piano branco foi vendido. Anos depois, Norma tentou encontrá-lo e recuperá-lo.

Não demorou muito para Grace apaixonar-se por um certo Erwin Goddard, conhecido como Doc (porque seu pai era médico), com quem se casou em Las Vegas em agosto de 1935. O casal instalou-se com Norma e Nona, filha de Doc, num bangalô na avenida Odessa. Marilyn conta que nessa época um vizinho obrigou-a a uma felação, fato que Grace ignorou solenemente. Goddard logo reclamou que Norma era mais uma boca para alimentar, e, em 13 de setembro de 1935, Grace levou-a para o orfanato de Los Angeles, em Hollywood, onde ela ficou por dois anos (até 7 de junho de 1937). Em sua ficha, de 1935, podemos ler: "Menina saudável e normal, come e dorme bem. Parece feliz, não se queixa, chegando a dizer que gosta de sua turma."[11] Aos sábados, Grace a levava ao cinema e aos salões de beleza, e tocava-lhe a ponta do nariz dizendo que ele poderia ser retocado para ficar parecido com o de Jean Harlow. Mais tarde, Marilyn revelou que sofria muito com o isolamento no orfanato e que imaginava que Clark Gable era seu pai. "Não tinha muitos momentos de felicidade durante essa época", declarou posteriormente;[12] começou a gaguejar, tinha acessos de tosse e às vezes crises de pânico.[13] Um dia dirigiu a si própria uma carta assinada "papai e mamãe" para mostrar às colegas. Subia no telhado do orfanato e contemplava o letreiro dos estúdios RKO, onde Gladys trabalhara. Escreveu: "Odiava aquele letreiro, era como se exalasse um cheiro de cola; ... cheiro de filme úmido", do estúdio onde sua mãe a levara uma vez.

Os acordos definitivos sobre a tutela foram firmados na primavera de 1937, e, em 7 de junho, Norma voltou para o apartamento de Grace e Goddard; tinha exatamente onze anos. Porém, Goddard assediou Norma num dia de bebedeira. Dessa forma, mais uma vez Grace teve de afastar a menina dali, transferindo-a para a casa dos primos maternos, da mesma idade que ela. Era a primeira vez que Norma ficava com sua própria família Monroe. O pai dos meninos, Marion Monroe, irmão de Gladys e tio direto de Norma, desaparecera há quatro anos sem dar notícias. A mãe deles, tia Olive Monroe, para receber uma pensão do Estado, declarou a morte do marido a fim de que as crianças figurassem como "órfãs de pai". Norma, por sua vez, contou na escola que seus pais haviam morrido em um acidente e obteve regalias da professora. Nessa época Norma dizia que nunca iria se casar, que teria muitos cachorros e que seria professora. "Todas as famílias com as quais eu morava tinham um ponto em comum: a necessidade de cinco dólares!", escreveu em sua autobiografia.

Sentia medo quando ouvia os adultos falarem de seus "antecedentes"; a expressão "distúrbio mental", utilizada a propósito de sua mãe, preocupava-a sem que soubesse plenamente o que aquilo queria dizer.

Grace contou um episódio grotesco e embaraçoso a Norma. Circulava que Martin Mortensen, declarado morto pelos vizinhos (o boato dizia que sucumbira a um acidente de mobilete em 1929), havia se manifestado, dando um telefonema ao hospital de Norwalk em que Gladys encontrava-se internada. Como sempre, queria salvar a mulher e voltar a morar com ela. Gladys, radiante de alegria com a idéia de não ter sido esquecida por ele, tentou fugir do hospital para se juntar ao ex-marido. Como ela havia declarado que ele estava morto, a fuga foi considerada uma atitude delirante, e ela foi transferida para o asilo público de Agnew, perto de São Francisco. Depois ficou provado que esse Martin Mortensen era de fato o ex-marido de Gladys.[14]

Em junho de 1938, aos doze anos, Norma foi "agredida sexualmente" por seu primo Jack Monroe, um ano mais velho. Grace quis então tirar Norma de lá, não para hospedá-la em sua casa, o que era impossível, por causa dos assédios do marido bêbado, mas na casa de sua própria tia paterna, Ana Atchinson Lower. Norma e Ana gostaram muito uma da outra. "Foi a primeira pessoa no mundo que amei. Ela gostava de mim, era uma criatura maravilhosa. Escrevi para ela um poema que fazia chorar quem o escutava ... chamava-se 'I love her'", escreveu Marilyn.

Com o pecúlio de Gladys, Grace cobriria Norma de presentes femininos: vestidos, cosméticos, sapatos etc. Queria que a adolescente cursasse o ginásio em Los Angeles. Em razão da volta de Mortensen, Grace julgou conveniente matricular Norma sob o nome do primeiro marido de Gladys: Baker. O nome Norma Jeane Baker espalhou-se por toda parte — o que deve explicar o erro tão freqüente nas biografias de Marilyn Monroe. Há variações tanto na grafia do prenome, Jeane ou Jean, quanto na do sobrenome. Essa flutuação identitária (nomes, datas, lugares, pais e mortes truncados) talvez explique as múltiplas versões que circularam sobre os episódios da vida de Marilyn e mostre que tanto faz uma versão quanto outra.

Na Emerson Junior High School os alunos eram das mais diversas origens e classes (japoneses, hispânicos, indianos, camponeses, pioneiros, burgueses). Norma vinha de Sawtelle, bairro pobre pouco recomendável de Los Angeles. Não era muito boa aluna, um pouco negligente, "uma menina educada mas introvertida, não muito brilhante", segundo um dos professores. Ficou menstruada pela primeira vez nessa época, regras muito dolorosas, e que assim continuaram no decorrer de sua vida.

Por ocasião de uma das raras visitas que Norma fez à mãe em companhia de Grace, Gladys estava calma, bem cuidada e sem sedação, mas não disse uma palavra. Quando Norma se despediu, a mãe olhou-a com tristeza e lhe falou tranqüilamente: "Você tinha pezinhos tão bonitos!"[15] Teria guardado a imagem congelada de seu bebê com pezinhos bonitos e ágeis? Como diante do abismo, percebe que aqueles dias não existem mais. O tempo nada inscreveu nela desde então?

Em 1939, Norma, então com treze anos, transformou-se fisicamente, e o vestido azul remendado do orfanato não lhe coube mais. Sem dinheiro para comprar roupas, teve a idéia de usar uma calça masculina barata complementada por um casaquinho posto de trás para frente. "O conjunto fazia muito efeito e lhe valeu ser mandada para casa em duas oportunidades."[16] Mais tarde Marilyn dirá que foi precisamente nesse momento que se tornou visível. "De repente tudo parecia se abrir, ... até as meninas pareciam se interessar por mim. ... Eu ia a pé para a escola e era um verdadeiro prazer. Os caras que se dirigiam para o trabalho buzinavam para mim no caminho, acenavam com a mão, e eu lhes respondia, o mundo tornava-se acolhedor." Ia maquiada para a escola, não usava corpete nem sutiã: "Bruscamente ela despontou da multidão", nas palavras de uma de suas colegas de classe. Passava muito tempo nos banheiros retocando a maquiagem. Foi assim que Norma inventou sua visibilidade: fazendo-se de extravagante.

A mesma colega declarou: "Norma Jeane era adorável, mas havia nela algo patético, porque tinha vergonha de suas origens sociais."[17] Essas observações não corroboram o relato que Marilyn fez desse período. Tudo indica que nunca manifestou vergonha de ser pobre. Não freqüentava os lugares ricos com as colegas, preferindo passear de bicicleta até o mar ou pelas avenidas de Los Angeles, ir às pequenas cervejarias e aos dancings. As meninas detestavam-na cada vez mais, e os rapazes a seguiam pela rua. Durante um passeio até o litoral, um bando deles fez fila atrás de Norma de maiô. Era chamada de "Mmmm girl". Adorava brincar, rir e dançar, mas se um menino quisesse ir mais longe, era capaz de brigar com ele como homem. Tornou-se a estrela do ginásio. Contudo, tempos depois escreveu que estava "às voltas com uma confusão crescente".

No fim de 1940, Norma Jeane voltou a morar na casa de Grace, onde aproximou-se da outra filha de Doc Goddard, Eleonore, a Bebe. As duas ligaram-se como irmãs. Em junho de 1941, fez seus exames de final de curso, ainda na Emerson Junior High School. O relatório não foi excelente: "Sentia-se antes paralisada pelo medo de se exprimir em público e era socialmente complexada" — exceto na aula de jornalismo, quando mostrava vivacidade de espírito e senso de humor. Escrevia no jornal do ginásio, *The Emersonian*. Na coluna "Estrelas", podemos ler sob sua pena:

> Após termos dissecado mais de quinhentos questionários, cada um mais engraçado que o outro, descobrimos que 53% dos homens preferem as louras, 40% sonham com uma morena de olhos azuis e apenas 7% vêem-se em uma ilha deserta em companhia de uma ruiva. ... Segundo a opinião mais difundida, a mulher ideal é uma loura bronzeada de olhos profundamente azuis, bem-feita de corpo, traços regulares, dotada de personalidade agradável, inteligente e esportiva — sem perder a feminilidade —, capaz de ser uma amiga fiel. Ora, todos podem sonhar.

Norma já indica a direção de seus interesses. Aos quinze anos, suas formulações parecem anunciar as escolhas posteriores.

Na volta às aulas em 1941, foi admitida na Van Nuys High School, onde suas notas não foram nada melhores que em Emerson. Grace era amiga de uma vizinha cujo filho, Jim, mais velho que Norma e Bebe, via-se freqüentemente encarregado de acompanhá-las na volta da escola. Para Norma, Jim era um sonho de namorado; usava um bigode que, ao que consta, agradava-lhe muito. Grace estimulou bastante a inclinação de Norma por aquele jovem vizinho que a considerava uma "filhinha". Incentivou-os a ir a um baile natalino no qual a jovem Norma dançou langorosamente com Jim, sob os olhos protetores da tutora. Saíam juntos para programas e piqueniques, com freqüência na Mulholland Drive.

No início de 1942, Doc Goddard foi promovido e transferido para a Costa Leste. Grace e Doc decidiram levar Bebe com eles, mas não Norma

Jeane. Mais uma vez, foi preciso providenciar um lar para ela. Voltou a morar com Ana, que estava doente. Grace então sugeriu à mãe de Jim que incentivasse os jovens a se casar. Norma Jeane estava perto de completar dezesseis anos, idade legal para o casamento. Jim aceitou a sugestão da mãe. Ciente de que logo partiria para o serviço militar e apaixonado por Norma, queria que ela fosse morar com a mãe dele. Em março, quando os Goddard deixaram Los Angeles, Norma Jeane interrompeu bruscamente os estudos e anunciou à escola que se casaria em junho. Mais tarde declarou que, com muito medo de voltar ao orfanato, optara pela solução do casamento.

Apreensiva, Norma perguntou a Grace se podia se casar sem ter relações sexuais. Grace respondeu que ela aprenderia com o tempo.[18] Ana fornecera-lhe um livro pudico sobre o que os adolescentes devem saber antes do casamento. Marilyn diria mais tarde que suas apreensões resultavam de nunca ter visto um casamento bem-sucedido. Norma completou dezesseis anos em 1º de junho de 1942, e o casamento foi celebrado no dia 19, improvisado pela simpática Ana Lower e os pais de Jim. Embora os termos do convite dissessem que Ana Lower convidava para o casamento de sua sobrinha Norma Jeane Baker, ela se casou sob seu nome de nascimento: "Norma Jeane Mortensen, filha de E. Mortensen (local de nascimento ignorado) e de Gladys Monroe (nascida no Oregon)." Nem Gladys, nem os Goddard, nem Bebe compareceram; em contrapartida, os Bolender, primeiros pais adotivos da noiva, haviam se deslocado de Howthorne, apesar de "suas reticências em relação àquele casamento às pressas". A cerimônia foi realizada na casa dos amigos de Grace. Norma estava de vestido branco e véu, havia vinte e cinco convidados, dançou-se. Jim declarou posteriormente: "Minha jovem esposa não largou meu braço a tarde inteira, como se temesse que eu sumisse."[19]

Mudaram-se para um apartamento novinho em Vista del Monte, de que Norma gostava muito, e que foi o primeiro lugar só dela. Nas palavras do marido, era fogosa na cama e, quando uma vontade imperiosa se manifestava onde quer que estivessem, no carro, no mercado, ela fazia um sinal para Jim e queria passar ao ato na hora. Às vezes, não era muito cômodo, mas Jim afirma que não podia se esquivar. Segundo ele, bastava a visão de seus corpos nus para os excitar.

Norma tinha o hábito de colocar discretamente no embornal de seu marido, que trabalhava à noite, um bilhetinho carinhoso, como: "Querido

Daddy, quando ler isto eu estarei dormindo e sonhando com você, te amo, te beijo. Tua filhinha." Marilyn chamará todos os seus maridos assim, Daddy. Jim conta em suas memórias que Norma era muito sensível e até mesmo suscetível. Tinha de beijá-la sempre que saía de casa, e ela emburrava quando ele ficava se divertindo por muito tempo com os amigos. Segundo ele, ela era adorável, mas os dois não sabiam muito bem como se comportar um com o outro. Mostravam certa inabilidade no convívio, e Norma fazia mil esforços para agradar e ser uma boa esposa. Finalmente, os recém-casados conseguiram fazer amigos e organizar algumas festinhas. Era nessas ocasiões que Norma perdia a timidez e se revelava encantadora, sorridente, alegre, distraída. Passava muito tempo cuidando do corpo e da aparência, bem como procurando roupas que lhe caíssem melhor. Os rapazes e as moças reconheciam seu poder de sedução particularmente intenso. Conforme declarou depois, ela amava Jim de verdade e tentava satisfazê-lo, mas aquilo não podia durar, porque nada tinham a dizer um ao outro.

Jim queria se alistar no Exército. Poderia ter-se livrado, mas em 1943 foi integrado a um corpo de treinamento da Marinha Mercante em Catalina, uma ilha do Pacífico onde Norma e o cachorro foram encontrá-lo no fim do ano.

Jim atravessava algumas crises de ciúme quando Norma se divertia muito dançando com outros homens. Na primavera de 1944 ele foi transferido para o Sudeste Asiático. Norma suplicou que ele ficasse, mas ele se recusou. Ela pediu-lhe então que fizessem um filho: "Ela queria alguma coisa, alguém permanentemente ao seu alcance", comentou Jim Dougherty. Choraram e sofreram com a separação. Norma voltou a morar com a sogra, que lhe arranjou um emprego como operária. Sua tarefa era pulverizar um verniz em fuselagens de avião, o que era conhecido como "trabalhar na droga". Trabalhava em pé dez horas por dia. Pedira para fazer um serviço civil, mas, por causa dos "caçadores de saias", segundo sua expressão, foi obrigada a desistir.

Cheia de gratidão por Grace, sua tutora, Norma escrevia-lhe regularmente e lhe enviava dinheiro, dizendo-se muito apaixonada pelo marido.

Depois mudou de emprego, passando a uma tarefa menos penosa na Radioplane: dobrar pára-quedas.

No Natal, quando Jim retornou para casa, Norma Jeane tentou entrar em contato com o pai, seu suposto genitor, pelo telefone. Jim conta que, após ela ter se apresentado como a filha de Gladys, o "pai" desligou o telefone. Ela pediu a Jim que a abraçasse com força durante as horas que se seguiram. Tal cena de apelo ao pai repetiu-se diversas vezes em sua vida.

Nesse mesmo período, 1944-45, Norma Jeane, que tinha apenas dezoito anos, foi fotografada para um documentário sobre as jovens mulheres patriotas que participavam do esforço de guerra. Foi um certo Conover o primeiro a descobrir Norma Jeane, tendo lhe pedido depois que posasse para fotos coloridas em estúdio e dado conselhos sobre maquiagem e roupas. "Algo novo e vivo emanava dela, ... uma coisa luminosa, uma fragilidade extraordinariamente vibrante", observou. Ela já era perfeccionista ao extremo, examinava escrupulosamente as provas e os negativos. Ele então aconselhou-a a se tornar modelo. Durante todo o verão de 1945, Conover fotografou-a pela Califórnia. Entregou alguns negativos a revistas, o que chocou a sogra de Norma, que declarou que a carreira de modelo era incompatível com uma mulher casada. Jim foi avisado e minimizou o caso. Contudo, Norma deixou o domicílio dos sogros para voltar a se instalar na casa da generosa Ana. Jim escreveu à mulher que ela podia posar como modelo enquanto ele estivesse fora, mas quando ele voltasse teria que desistir das fotos para constituir uma verdadeira família. A partir desse momento, Norma Jeane considerou seu casamento praticamente dissolvido. As cartas se espaçaram. Aceitava ser fotografada por revistas. Convinha-lhe, por que desistir? "Eu queria saber quem eu era. ... Jim achava que sabia, e estava enganado."

Foi então admitida na agência de modelos Blue Book. Em sua ficha de inscrição, além de suas medidas, constava: "Olhos azuis, cabelos revoltos, conselho de tingimento e permanente, dentição perfeita, de um branco bonito." Acrescentava-se que tinha noções de canto e dança. Norma matriculou-se em cursos de pose, maquiagem e moda. Para pagar sua formação, propuseram-lhe um emprego como recepcionista. Ela posou para diversas publicidades. Todos que conviveram com ela na época concordam: era ela o alvo dos olhares, e não as roupas que vestia para vender.

Durante a licença de fim de ano de Jim, Norma passou alguns dias na Califórnia posando para um fotógrafo, André de Dienes.[20] Foi ele quem imortalizou Norma Jeane bronzeada, descalça no asfalto, de tranças,

"Algo novo e vivo emanava dela, uma coisa luminosa, uma fragilidade extraordinariamente vibrante."

pedindo carona, provocante. Fotografou-a com um carneirinho recém-nascido no colo, vestindo jeans e blusa vermelha amarrada na barriga, empoleirada em uma cerca. Em casa, ela mostrava as fotos ao marido contando-lhe suas aventuras com entusiasmo. Norma nunca deixava de telefonar para Jim. Nos hotéis onde se hospedava com Dienes, pedia sempre um quarto individual e precisava comer bem e dormir muito, condições básicas para se dedicar ao trabalho. Dienes fotografou-a no Parque Nacional de Yosemite (Califórnia), no deserto de Nevada, perto do estado de Washington, nos penhascos nevados do monte Hood. Ela comprava roupas baratas nas lojas de departamento da época e compunha seu próprio visual. Embora Dienes estivesse apaixonado por Norma e fizesse de tudo para que cedesse, ela resistiu até o dia em que, de passagem pelo Oregon, fizeram uma visita a Gladys, que então morava em um hotel miserável de Portland. Norma deu-lhe presentes e dinheiro. Dienes escreveu:

> Descobrimos a mãe dela em um quartinho do último andar. Ela recebeu Norma Jeane com uma cara triste, depois sentou-se em uma poltrona perto da janela. Entabularam uma conversa difícil num tom monocórdio. Sua mãe parecia encarquilhada, frágil, ausente, desprovida de qualquer emoção. ... debruçou-se para a frente e enfiou o rosto entre as mãos. Houve diversos momentos difíceis como este. Era uma tarde escura e nublada. O quarto me parecia sinistro. Norma Jeane me dirigiu um olhar constrangido e penalizado. Como não havia muito a dizer, nos despedimos.[21]

Foi exatamente nessa noite que o jovem fotógrafo obteve os favores de Norma. O momento foi feliz, mas Norma chorou. A viagem deles, entretanto, prosseguiu com certa euforia. O essencial para Norma parecia ser a alegria proporcionada pelas sessões de fotos, andar de automóvel, a escolha dos lugares, das roupas, das poses.

De volta a Hollywood, Norma aceitou com satisfação ofertas de trabalho de outros fotógrafos. Dienes queria que ela se divorciasse para casar com ele, e não estava contente por ela se mostrar tão facilmente disponível.

Na primavera de 1946, Norma Jeane era capa de não menos que trinta e três revistas. Um de seus grandes trunfos, diziam seus empregadores, é que ela dava a impressão de se divertir muito com aquilo, ao mesmo tempo que levava o trabalho a sério. A versão de Marilyn era um pouquinho diferente:

> ... era preciso fingir divertimento, ao passo que às vezes eu tinha cólicas terríveis. ... às vezes aquele trabalho me parecia tão artificial que eu tinha vontade de rir. ... Eles achavam que eu me divertia realmente. É verdade que posar era às vezes divertido. Mas também um pouco maluco. Uma vez perguntei por que tinha de posar de maiô para um anúncio de pasta de dente, e me olharam como se eu fosse doida.

Essa ingenuidade sincera — que Marilyn preservará ao lado da alegria extravagante que manifestava durante aquelas encenações — indicava uma característica muito forte: nunca ser cúmplice de manobras ambíguas.

Mrs. Snively, diretora da agência Blue Book, conseguiu de Norma que ela pintasse os cabelos de louro para um anúncio de shampoo. Os Goddard voltaram pouco depois e ficaram admirados com a metamorfose de sua protegida. Jim voltou também, mas não encarou a coisa com tanta boa vontade, compreendendo que sua mulher já era um sucesso. Ela tinha um serviço e grandes ambições.

Trabalhou para vários fotógrafos, entre eles Burnside, Moran e Willinger. Todos dizem que Norma era tímida, que não suportava que a tocassem ou tentassem conquistá-la à força. "Ela adorava posar. Para ela, era como representar uma comédia e, por instinto, estava sempre certa" (Earl Moran). "Ela se apaixonava pela câmera, depois pelo homem que a empunhava" (William Burnside). "Ela se apagava mal a sessão terminava. ... Até mesmo os veteranos da profissão desmoronavam diante daquela pose que parecia dizer: ajudem-me, por favor" (Lazlo Willinger).

Norma não cedia às tentações mundanas do meio das manequins e modelos, tampouco às múltiplas propostas de ligação amorosa ou de uma noite em troca de um emprego, um apartamento, um compromisso, um apoio financeiro ou afetivo. Adorava passear à beira-mar e freqüentar boates. "Ela nunca perdia a doçura nem a reserva inatas" (Ray Bourbon).

Ao mesmo tempo, Gladys pedia insistentemente para ir morar com a filha. Em abril de 1946, Norma enviou-lhe o dinheiro da passagem, e ela instalou-se em seu apartamento. Quando Jim chegou de licença, foi dormir na casa da mãe, pois não gostara nada da presença daquela "intrusa", sugerindo que Norma premeditara excluí-lo. A experiência foi aparentemente curta e decisiva, uma vez que, no fim de abril, Gladys teve uma crise e foi internada numa clínica do norte da Califórnia. Mãe e filha decididamente não podiam morar juntas.

Grace compreendeu que o conflito entre as exigências do casamento com Jim e as ambições de sua pupila era insolúvel, e mandou Norma para a casa de outra tia em Las Vegas, a fim de que lá se divorciasse segundo os costumes da época. Foi obrigada a jurar que estava se mudando definitivamente para Nevada, e que a "extrema crueldade" e os rompantes de seu marido, que não lhe supria as necessidades, prejudicavam até mesmo sua saúde; logo, uma reconciliação era impossível. Jim soube dessas maquinações ainda na Ásia e, em setembro de 1946, assinaria o pronunciamento do divórcio. Em suma, Norma casou-se e depois se divorciou por decisão de Grace. Tinha exatamente vinte anos.

Ao mesmo tempo, conseguiu seu primeiro papel, na Twentieth Century Fox, em uma produção de Leon Shamroy, em technicolor. "Sua beleza natural aliada a um complexo de inferioridade conferia-lhe um mistério", disse ele "... Senti um arrepio nas costas. Aquela moça tinha alguma coisa que eu não via desde o cinema mudo. ... Cada plano irradiava sensualidade. Não havia necessidade de som. Ela criava efeitos visuais. Mostrava-nos como era capaz de transformar emoção em imagem."

Aos vinte anos de idade aquele efeito de terremoto passava para a película antes de qualquer representação dramática.

Em julho, apesar das reticências de Zanuck, diretor da produção, o estúdio propôs a Norma um contrato-padrão de seis meses, passível de aumento durante a vigência: ela ganharia 75 dólares por semana, trabalhasse ou não. Foi Grace quem assinou o contrato, pois continuava a ser a tutora legal de Norma e a orquestradora de sua vida.

Quando Dienes anunciou sua chegada para planejar o casamento em Las Vegas, Norma lhe respondeu: "Por favor, não venha, não quero me casar com você! Quero ser atriz!"[22] Ele ficou estupefato, mas foi assim mesmo. Não se casaram.

O estúdio, na pessoa de Ben Lyon, disse a Norma Jeane que Dougherty era um sobrenome impronunciável, impossível para uma atriz.

"Ela adorava posar. Para ela, era como representar uma comédia e, por instinto, estava sempre certa."

Optou-se então por Monroe, sobrenome de solteira de Gladys, sua mãe. Marilyn conta que Grace sugeriu esse sobrenome afirmando-lhe que sua família descendia em linha direta de Monroe, presidente dos Estados Unidos. Grace era capaz de inventar tudo. Norma queria mudar também o prenome. Lyon estava de acordo com Jean Monroe, mas, depois que Norma lhe contou sua história, ele sugeriu "Marilyn". O próprio Lyon tinha sido noivo da atriz Marilyn Miller, que fora abandonada pelo pai.

Observemos que esse nome, Marilyn Monroe, soa aos ouvidos norte-americanos muito próximo de Marion Monroe, nome do pai de suas primas, o tio que sumira quando ela, aos onze anos, fora morar na casa da família dele. Essa sonoridade, Marion Monroe, familiar, certamente foi levada em conta no achado do nome Marilyn Monroe. Parece que Marion se suicidou, ao ter sido fraudulentamente declarado morto pela mulher. É o nome de uma sobrevivência — em uma família que não hesitava em brincar com a morte, em afirmar que o ausente estava realmente morto, ainda que não o estivesse.

Parte II

Marilyn Monroe

2 Primeiro contrato na Fox

No final de agosto de 1946, o novo nome do cinema estava escolhido. Marilyn correu para contar ao seu querido André de Dienes, e eles partiram em uma nova turnê de fotos no sul da Califórnia. Já se percebe nessas fotos o surgimento de uma maturidade e desenvoltura diferentes. Na primeira série, feita no ano anterior, Norma mostrava grande frescor, em poses ingênuas, quase bobas, exibindo sempre o mesmo sorriso encantador, mas convencional, com a cabeça ligeiramente abaixada. Dessa vez as fotos são mais variadas, simples e atuais. Ela exprime sono, tédio, amargura, reflexão, alegria, entusiasmo, "fim de tudo", morte. Dienes escreveu:

> ... captando um a um os humores que ela interpretava para mim, percorremos todo o espectro das emoções humanas: a felicidade, a melancolia, a introspecção, a serenidade, a tristeza, o tormento, a angústia. ... Pedi até mesmo que me mostrasse com que a morte se parecia em sua imaginação. Ela pôs o capuz na cabeça.[1]

Também disse: "André, não publique essas fotos agora, espere eu morrer." Essa frase ficou na cabeça do fotógrafo.

Contratada pela Fox, Marilyn Monroe começou a carreira de atriz em Hollywood.

Os anos 1947 e 1948 são estranhos, de experimentações, incertezas, desventuras amorosas. Marilyn fez uma aparição como empregada em *Idade perigosa* (*Dangerous Years*) e como colegial em *Torrente de ódio* (*Scudda-Hoo! Scudda-Hay!*), filme que teve o essencial cortado na montagem. Porém, no fim de agosto de 1947, seu contrato na Fox não foi renovado.

Desde janeiro de 1947 ela já fazia aulas no Actor's Laboratory. "Era a primeira vez que eu sentia o que eram realmente a representação e a arte dramáticas. Eu estava entusiasmada." No Actor's Laboratory desenvolvia-se um teatro engajado, que levava em conta as questões sociais e as condições dos excluídos e miseráveis.[2]

Segundo os biógrafos, naquela época Marilyn passava fome, dava amassos com desconhecidos em troca de refeições ou presentes (Spoto), ou então se prostituía para fazer contatos profissionais (Summers). Em sua autobiografia, ela descreve a que ponto repugnava-lhe a passagem obrigatória pela oferta de favores sexuais em troca de ser apresentada aos personagens influentes de Hollywood. Entretanto, mais tarde contaria a alguns amigos íntimos que teria sido *call-girl* para sobreviver.

É difícil achar sentido entre os diversos e sucessivos depoimentos da própria Marilyn sobre esse período, assim como os das múltiplas testemunhas. Nada bate. Cada um vê o fragmento que conhece pelo prisma de sua interpretação do destino trágico de Marilyn, de certa forma construído postumamente: suicídio — e é a psicopatologia que prevalece — ou assassinato — e é o complô político que predomina. Marilyn respondeu a isso de maneira diversa, de acordo com pessoas, épocas e circunstâncias, sem forçosamente embaralhar as cartas. Ao mesmo tempo que desmontava as armadilhas, tentava transmitir uma verdade não redutível aos padrões da moral-tablóide, abrir a proposta para uma dimensão mais correta que aquela em que seus interlocutores procuravam acuá-la. Marilyn tinha grande senso de humor e deu respostas memoráveis diante da agressividade dos jornalistas, ávidos por reduzi-la a certos clichês, na verdade, degradantes.

Quando o escritor inglês W.J. Weatherby perguntou-lhe, a propósito de seu passado de *call-girl*, se o que diziam sobre ela era verdade, respondeu:

> Em parte, talvez. Mas não é dormindo com as pessoas que alguém se torna uma estrela. É preciso mais, muito mais. Porém isso pode ajudar. Muitas atrizes conseguem sua primeira chance dessa maneira. Os homens em geral são tão grosseiros que elas merecem mesmo tudo o que conseguem tirar deles.[3]

Por que o contrato de Marilyn na Fox não foi renovado em agosto de 1947? Comunicaram-lhe que não era "suficientemente fotogênica.

... Seu gênero físico joga muito contra você”. Ela escreveu: “Ao chegar em casa, deitei-me na cama e comecei a chorar. Chorei durante uma semana, sem comer, sem falar, sem me pentear. Não conseguia parar de chorar, como se tivesse ido ao enterro de Marilyn Monroe.”[4] E adiante: “É assim que reagimos quando nos sentimos no fundo do poço, não detestamos sequer aqueles que nos empurraram. Simplesmente sentimos vergonha. Eu já sentira essa vergonha na minha infância, quando me expulsavam.” A vergonha que participa da rejeição sofrida é um motor da invenção de si.

Mr. Joe Schenck, grande personagem de Hollywood, ex-presidente da Fox, gostava muito da personalidade “na contracorrente” de Marilyn. Aconselhou-a a resistir. Dois dias mais tarde, segundo ela, a Columbia estava disposta a contratá-la.

O levantamento do biógrafo Don Wolfe[5] ressalta outro aspecto. Segundo suas investigações, não existe nenhuma foto registrada de Marilyn entre junho de 1947 e março de 1948. Ele propõe uma explicação para seu obscuro licenciamento da Fox, sugerida pelo fato de que ela deixou esse período passar em branco: teria sido despedida pelo estúdio porque estava grávida. Um “boato sem sentido” circulou na época, confirmado posteriormente pela própria Marilyn. Ela contou a vários amigos, pedindo segredo, que, ao sair da adolescência, e/ou depois do seu primeiro casamento, dera à luz uma criança que sua tutora Grace, acompanhada por um médico e uma enfermeira, lhe teria tirado e entregue para a adoção. Ela teria suplicado a eles para ficar com o bebê.[6]

Não podemos nem queremos examinar a veracidade das afirmações desse ou daquele biógrafo, tampouco investigar de nossa parte. Entretanto, tal acontecimento, real ou inventado, cristalizou-se como possível e cogitável, o que mostra a que ponto Marilyn contou sua história preservando segredos que não conseguia manter inteiramente secretos.

Alguns afirmam que, segundo seus interlocutores, Marilyn inventava ao mesmo tempo para revelar e mascarar. Inventar fatos como o nascimento secreto de um filho não é naturalmente a mesma coisa que relatos, mais ou menos variáveis, sobre sua infância infeliz, ou esse e aquele de seus amantes. Mesmo assim ela escreve em sua autobiografia, a propósito desse período na verdade difuso: “Eu era o gênero de garota que encontram morta num quarto de segunda com um vidro de soníferos vazio na mão." Imagem premonitória de uma anônima que sofre. Aquela de quem arrancaram o bebê ilegítimo, concebido de uma ligação secreta com um homem poderoso, proibida porque comprometedora?

Já se vê presente a mão do apelo desesperado, que tenta agarrar alguma coisa, mas o quê? Pensemos no frasco vazio imaginado em sua autobiografia ou no telefone fora do gancho no roteiro de sua morte. Nos piores momentos Marilyn tentava se agarrar a alguma coisa para a qual sua mão se estendia. Para outra mão, ausente.

3 Uma visibilidade singular

Marilyn foi contratada pela Columbia em março de 1948, e o estúdio propôs a ela que tivesse aulas com uma professora de arte dramática, Natasha Lytess; sua carreira ganhou nova cor.

Marilyn apaixonou-se pelo diretor musical da Columbia, Fred Karger. Foi ele quem a levou a um dentista para ajustar um dente, e fez com que saísse de seu minúsculo apartamento para ir se instalar na casa dele. Além disso, incentivou-a a melhorar a voz para dar maior volume a seu timbre fraco e a vencer a terrível timidez. Todos gostavam da alegria e da simplicidade de Marilyn, afetuosa, inteligente e generosa. Ela sempre soube se fazer amar por uma família, pais e filhos, e se sentir à vontade na casa dos que a acolhiam. Entregava-se por inteiro, sem ser convencional, sempre bem-humorada. Queria muito que Karger se casasse com ela, mas ele já era casado e não pretendia se divorciar.

Nesse período, teve um caso com Johnny Hyde, homem rico e influente em Hollywood, mais velho que ela e que acreditava em seu talento. Queria ajudá-la e, em troca, que ela aceitasse se casar com ele a fim de garantir sua futura subsistência. Marilyn aceitou a ajuda e o amor, mas recusou o casamento por interesse. Ele sugeriu que ela fizesse uma cirurgia estética, que conferisse uma linha mais precisa ao nariz e às maçãs do rosto. Marilyn teria se submetido docilmente a tais intervenções, nunca comprovadas. É verdade que nessa época seu rosto mudou significativamente, assim como a expressão de seu sorriso, definitivamente modificada. A marca-assinatura dessa metamorfose foi o surgimento de uma pinta na face esquerda, depois de 1949.

O sorriso "bochechudo", encantador, cândido e congelado da adolescente Norma Jeane desapareceu das imagens e deu lugar a um sorriso maduro: um trejeito que fatalmente suscita e desencadeia uma emoção. A nova expressão fabricada de Marilyn, loura, pele de veludo, olhos semicerrados, sorriso erótico, evoca um prazer atual ou já ocorrido. A expressão de Marilyn mantém-se suspensa no plano do equívoco enigmático, em que prazer gera prazer. Esse sorriso-Monroe, já presente em *O segredo das jóias* (*Asphalt Jungle*), será, a partir de 1962 (logo após sua morte), imortalizado por Andy Warhol.

Desde então Marilyn obteve uma adesão popular que ficava além do que podiam supor os especialistas em estrelas de cinema. Foi esse impacto incrivelmente poderoso que provocou a raiva e o desprezo de muitos daqueles que a empregavam e a efusão incondicional de tantos outros.

Graças a Hyde, Marilyn figurou ao lado de Groucho Marx em um filme de David Miller, *Loucos de amor* (*Love Happy*), uma comédia-pastelão. Sua aparição, como loura sexy e rebolante, dura apenas um minuto. "Os homens me seguem", ela sussurra. E Groucho: "Por que será?" Réplica que acentua o hilariante vaivém de suas grossas sobrancelhas.

Em seguida Marilyn ficou desempregada, e era preciso viver. Foi quando, por 50 dólares, aceitou posar nua para o fotógrafo publicitário Tom Kelly, o que lhe permitiu conservar seu carro comprado a crédito. Essas fotos magníficas irão ilustrar alguns calendários de 1953. Marilyn aceitara o que não devia fazer uma atriz de cinema, arriscando-se a destruir sua carreira futura. Pedira que não tivesse a identidade revelada e que as sessões fossem realizadas na presença da esposa do fotógrafo. Três anos mais tarde essas fotos de calendário se tornariam lenda ou escândalo.

No outono de 1949, Marilyn conheceu o já célebre fotógrafo Milton Greene, com quem teve imediatamente uma relação amorosa passional de dez dias. Em seguida, Hyde impôs sua protegida no papel de Angela, em *O segredo das jóias*, de John Huston. Tratava-se de um papel pequeno, "uma criatura voluptuosa com o comportamento um tanto preguiçoso, insolente e frívolo, algo inesquecível", segundo Huston, que não era um entusiasta da escolha de Monroe. Foi só por seu imenso sucesso de bilheteria que ele reconheceu que Marilyn tirara o melhor daquele papel.

Graças também a Hyde, Marilyn atuou em *O Faísca* (*The Fireball*), dirigido por Tay Garnett, e depois em *A malvada* (*All About Eve*), dirigido por Joseph Mankiewicz.

“Nessa época seu rosto mudou significativamente. A marca-assinatura dessa metamorfose foi o surgimento de uma pinta na face esquerda.”

Em dezembro de 1950, seu apaixonado e fervoroso patrocinador Johnny Hyde morreu de um ataque cardíaco. Todas as testemunhas e os amigos contam que Marilyn desabou. A família não a incluiu entre os íntimos. Elia Kazan, que a conheceu por essa época, disse que ela chorava o tempo todo. Pouco depois, foi encontrada inanimada, após tentar o suicídio. Sob o travesseiro, um bilhete à guisa de testamento: "Deixo meu carro e minha estola para Natasha." Sua ridícula fortuna ia para a *coach*. Tudo bem, ela jamais quisera se casar com Johnny Hyde, mas parece que lhe permaneceu fiel e recebia com entusiasmo seu amor e apoio. A família de Hyde pediu a Marilyn que deixasse imediatamente a casa de seu companheiro. Marilyn escreveu:

> Eu estava sem dinheiro, com fome, mas alguma coisa me impedia de voltar ao mundo de Norma Jeane. Não era nem ambição, nem o desejo de ficar rica e famosa. Sentia apenas, no fundo de mim, um talento que só pedia para desabrochar. Eu não me achava bela nem particularmente sedutora. Mas havia em mim uma espécie de loucura que não queria ceder. Ela não cessava de me importunar, não sob a forma de palavras, mas de cores, púrpura e ouro, branco luminoso, verde e azul. ... As cores dos meus sonhos de infância, quando tinha de escapar do mundo morno e sem amor onde vivia Norma Jeane, a pequena escrava órfã.[7]

Mesmo fora da profissão, essa loucura feita de cores não a largava.

Graças a Hyde, uma foto de Marilyn foi capa da *Life* no ano-novo de 1951. Era apresentada como a nova estrela em ascensão. Antes de morrer, Hyde também negociara sua presença no filme *Sempre jovem* (*As Young as You Feel*). Marilyn faria o papel de uma secretária deslumbrante, Harriett. Filme sem sal dirigido por Harmon Jones. Marilyn estava desesperada com a mediocridade do papel.

O fotógrafo Sam Shaw, que conheceu Marilyn na época, disse sobre ela: "Ninguém imagina o quanto podia ser divertida. Marilyn nunca se queixava das coisas comuns da vida, nunca falava mal de ninguém e tinha um maravilhoso senso de humor." Joe Schenck, rico, célebre personagem de Hollywood, que também acreditava nela, aproximou-se e, como seu predecessor, tentou desposá-la. Ela recusou. Ele militou a seu favor em diversos *castings*, contra a opinião de Zanuck, presidente da Fox, que, de sua parte, não gostava muito de Marilyn, tomando-a por uma *starlett sexy* de segunda categoria. Entretanto, graças a Schenck, Marilyn assinou com a Fox um contrato de sete anos, e, coisa extraordinária, o estúdio contratou também sua professora de arte dramática Natasha Lytess, aliás por um salário maior que o dela.

Depois de se conhecerem nas filmagens de *Sempre jovem*, Marilyn e Elia Kazan deram início a uma relação amorosa sem drama, que durou o tempo das filmagens de *Viva Zapata!* por Kazan em Hollywood. Ele também era casado, mas isso não representava obstáculo para a aventura. Em suas memórias podemos ler:

> Quando a conheci, era uma jovem simples e apaixonada, que ia para suas aulas de bicicleta, uma garota de coração honesto que Hollywood esquartejou. Ela tinha a pele fina e a alma ávida por ser aceita pelas pessoas que pudesse respeitar. Como muitas outras garotas que conheceram o mesmo gênero de experiência, ela media seu amor-próprio pela quantidade de homens que era capaz de seduzir. ... Naquele universo doentio, Marilyn era um anjo de pureza.[8]

Ela se vestia geralmente de branco e tinha em sua casa um piano de concerto branco, como o de sua infância. Entretanto, Kazan observa uma contradição que julga "fatal": "Ela queria que seu valor fosse reconhecido e, por outro lado, respeitava os homens que a desprezavam, pois partilhava a opinião deles sobre sua pessoa.[9]" Kazan divertia-se muito com ela, era seu amante e salvador. Durante uma festa em homenagem ao Prêmio Pulitzer de Arthur Miller, Elia apresentou Marilyn ao amigo, que logo se sentiu atraído por ela. Marilyn irradiava alegria por ter encontrado um homem que não a abordava com brutalidade e, ainda por cima, falava-lhe de sua própria infelicidade pessoal. Miller e Marilyn pareciam se amar. Kazan, ao ver o amigo torturado pelos suplícios do casamento e por sua atração por Marilyn, achou que "era chegado o momento de se afastar galantemente". Julgava, porém, que "Marilyn era o contrário de uma esposa. Isso era claro como água. Marilyn era uma companheira deliciosa, ponto final. Uma companheira deliciosa é uma companheira deliciosa, não é uma esposa."[10]

Na primavera de 1951, Marilyn desempenhou o papel de loura provocante em *O segredo das viúvas* (*Love Nest*), de Joseph Newman. Segundo seu biógrafo Spoto, foi mais uma vez encaixada para levantar um roteiro sem interesse. Quando Marilyn apareceu no set em maiô de poá, "toda a equipe se calou, boquiaberta, como petrificada ... ela era notável". O jornalista Ezra Goodman não se deu ao trabalho de falar da inépcia que era o filme, limitando-se a elogiar Marilyn, "uma das futuras estrelas mais brilhantes".[11] O *New York Times* recebeu assim seu desempenho em *Sempre jovem*: "Marilyn está soberba no papel de secretária." Ainda que Zanuck quisesse continuar a ignorá-la e o estúdio não lhe desse apoio, o público a impôs.

Foi pelo efeito singular, pessoal, que sua imagem explodiu na tela. Ela escreveu: "Eu sabia que pertencia ao público, que pertencia ao mundo inteiro, não pelo meu talento ou mesmo pela minha beleza, mas porque nunca tinha sido de ninguém. O público era a única família, o único príncipe encantado, o único lar com que um dia sonhei."[12]

"Nunca ter pertencido a ninguém" é uma qualidade de dimensão bem diferente de um cânone estético reconhecível ou de uma habilidade assimilada. O público teria sido tocado precisamente por uma ausência de identidade *a priori*, uma ausência de laço, imagem vacilante ali onde se espera encontrar uma forma ideal, onde se julga reconhecer uma presença de características construídas, demonstrativas, emocionantes, pedagógicas, cômicas, dramáticas. Em Marilyn, não é o sucesso de uma imagem fabricada que cria o impacto, o que se revela é algo diferente, instável, algo que ela produziu a partir de sua vida, em ato, em situação, na presença do público, uma "espécie de loucura" que põe em movimento algo invisível. Marilyn foi a intérprete de uma imagem em mutação que ultrapassava as encenações convencionadas, as poses e as maquiagens caricaturais. Ela soube não trapacear com essa transformação, incorporá-la rigorosamente.

No âmago de suas atuações, Marilyn transbordava do contexto e se oferecia. Criava uma visão própria da situação tanto para seus papéis no cinema e as fotos publicitárias quanto para as fotos de entrevistas ou de sua vida privada. Às vezes exagerava em tudo: na provocação, nas formas marcadas, nos vestidos, nos seios, no sorriso, nas nádegas modeladas, no salto alto, na aparência triste, no gingado, na expressão perdida, na nudez sob o penhoar. Marilyn oferecia alguma coisa de espontâneo, vivo, natural, fugaz no "exagero" de sua representação, o que conquistava a adesão incondicional da platéia. Alguma coisa íntima fendia a tela com a imagem idealizada, metamorfoseava a imagem fictícia em presença fugidiamente erótica. Marilyn provocava um choque nas pessoas. Soube disso bem cedo, sem compreender exatamente por que meios produzia tal efeito. Sabia que não era nem sua beleza, nem seu desempenho como atriz. Entretanto, não arrefeceu. Construía sua imagem, fabricava rigorosamente todos os detalhes e foi levando o artifício até um domínio extremo que se manifestou como criação peculiar. Dizia desejar ser "apenas maravilhosa" ("*just wonderful*"). Em sua certeza de deter um poder diferente, sabia que não podia parar de construir seu impacto, controlar sua força — nisso era essencialmente modesta. Via nessa atitude uma forma de generosidade, algo como a ativação de uma fraternidade existencial entre os seres humanos, particularmente entre exilados, renegados, pobres e negros.

Marilyn já possuía consciência de sua singularidade, mesmo tendo representado apenas papéis insignificantes, de loura sexy, de idiota — que não era. Ela impressionava na tela. A elaboração que fazia de sua imagem, que a tornava ultravisível, punha em movimento o invisível.

Mas ela estava mais que decidida a não se limitar a seu efeito, queria aproveitar seu impacto para se tornar uma verdadeira atriz de cinema, uma atriz reconhecida.

4

A foto sensacionalista do calendário

Durante o ano de 1951, Marilyn viu sua popularidade aumentar sem que tivesse feito um único papel importante no cinema e sem o apoio da Fox. Com o objetivo de se tornar uma grande atriz profissional, ela multiplicava as aulas de arte dramática e as leituras. Além de Natasha Lytess, sua professora oficial, tinha aulas com um russo, Mikhail Tchekhov, sobrinho de Anton Tchekhov, que a julgava tímida e reservada, e lhe ensinou a ampliar suas possibilidades de atuação com técnicas corporais, de dicção e exercícios respiratórios. Ao mesmo tempo, Marilyn parecia sentir cada vez mais o pânico de entrar em cena sempre que tinha de atuar ou se apresentar em público. Passava um tempo infinito se aprontando, retocando a maquiagem, cuidando da toalete, da preparação do papel. Não podia prescindir de Natasha. Esta reconhecia que não servia para grande coisa, que Marilyn fazia maravilhosamente seu trabalho, às vezes com achados excepcionais. Nem por isso deixava de ter a treinadora junto a si. Esperava de Natasha que ela lhe dissesse se estava funcionando ou que a criticasse em caso contrário. Quanto mais Marilyn trabalhava para construir seus papéis, mais duvidava de si mesma e dependia de seus professores.

Em diversos artigos importantes acompanhados de fotos, comparavam-na a Lana Turner, depois a Joan Crawford. Fez uma curta aparição em *Joguei minha mulher* (*Let's Make it Legal*), cujas críticas foram unânimes em dizer que a história não tinha interesse algum, mas que Marilyn era "divertida". Conseguiu o segundo papel em um filme dirigido por Fritz Lang, *Só a mulher peca* (*Clash by Night*). Graças a Marilyn, os espectadores foram em massa ver esse filme austero e morno. Sua presença e sua interpretação animaram o enredo lúgubre.

Vomitava antes de cada cena. Brigou com Lang para impor sua *coach*, chegava atrasada, não conseguia lembrar o texto e era exigente quanto aos detalhes. Segundo Barbara Stanwyck, atriz já então estabelecida, "ela não tinha disciplina, estava sempre atrasada, mas havia uma espécie de magia nela que todos nós percebemos instantaneamente".[13] Os jornalistas invadiram o set de filmagens para entrevistá-la. Ela os temia e queria falar apenas de sua carreira. Quando o filme foi lançado, o *World-Telegram and Sun* afirmou: "Uma atriz poderosa, uma nova estrela talentosa. ... Seu personagem não é muito importante, mas ela consegue torná-lo essencial."[14] De Nova York, os acionistas da Fox reclamaram que o estúdio não dava verdadeiros papéis a Marilyn. Zanuck não podia mais recuar.

Finalmente ofereceu-lhe um grande papel em um longa-metragem intitulado *Almas desesperadas* (*Don't Bother to Knock*). Foi dirigida pelo inglês Roy Baker, que a desdenhava ainda mais que Lang. Entretanto, Baker manteve as primeiras tomadas de cada cena apesar dos protestos de Marilyn, apavorada, que improvisava de maneira espantosa um papel dramático difícil. Ela interpreta uma jovem, Nell, que deixa um hospital psiquiátrico e, para ganhar algum dinheiro, torna-se *baby-sitter* de uma garotinha durante uma noite em um hotel. Ela se deixa abordar por um homem representado por Richard Widmark, que a paquera. Toma-o pelo noivo, um piloto falecido a quem amou. Marilyn interpreta Nell com sobriedade e talento. Quase sem maquiagem, mostra sucessivamente expressões de alegria, medo, expectativa, inveja, terror, crueldade, estranheza, loucura e amor. Em preto-e-branco, com sofisticação e sobretudo correção, Marilyn explora a gama dos tormentos da bela Nell, que, irritada com a criança, a amarra a fim de ficar livre para encontrar o namorado, no delírio. No final, é obrigada a voltar ao hospital psiquiátrico. Marilyn está excelente nesse filme. Richard Widmark declarou depois: "Era um sacrifício fazê-la deixar o camarim e dirigir-se para o set. No início todos achavam que aquilo não ia dar certo e murmuravam: 'É impossível, não podemos filmar isso!' Mas passava-se alguma coisa entre a lente e a bobina, e quando íamos ver os copiões ela brilhava tanto na tela que a gente não existia mais ao lado dela!" Nesse aspecto, ela é o oposto do *sex-symbol*.

Marilyn teria dito: "Aprendi a me mostrar sexy, mas lá no fundo não sou nada disso."[15] Ela jogava com seu enquadramento no registro formal da mulher sexy, mas o efeito de imagem em mutação que produzia tinha outras origens. Seus detratores diziam que era vulgar, até mesmo puta.

Os jornalistas começaram a procurar elementos de lenda na vida de Marilyn para alimentar sua celebridade. Ela recebia milhares de cartas de admiradores e fãs, o que impressionava o estúdio. Contratou uma encarregada de negócios, Inez Melson, e confiou-lhe a tarefa de se ocupar da tutela de sua mãe, de quem Grace não queria mais cuidar. Marilyn queria ajudar Gladys financeiramente, mas não fazia questão de encontrá-la.

Zanuck deu novamente a Marilyn dois papéis secundários, sempre uma loura sexy e idiota. A secretária em *O inventor da mocidade* (*Monkey Business*), dirigido por Howard Hawks, com Cary Grant. Em seguida, uma mãe de família que, após ter vencido o concurso de miss Mississippi, fica sabendo que seu casamento não é legal em *Travessuras de casados* (*We're not Married*). O papel foi escrito com o único objetivo de mostrar Marilyn de maiô. "Quanto mais ela se tornava importante, mais tinha medo", observou Hawks.

Apareceu ainda um minuto em *Páginas da vida* (*O. Henry's Full House*) como uma prostituta bem-vestida a quem um vagabundo deixa, à guisa de pagamento, seu único pertence: um guarda-chuva. Um policial se aproxima, a interroga, e ela responde: "Ele me disse que eu era uma dama!", caindo no pranto. Essa cena é um momento delicado e comovente do filme.

Em 18 de abril de 1952, o contrato de Marilyn com a Fox foi renovado, seu pagamento foi aumentado e ela passou a receber 750 dólares por semana durante um ano. Era um dos salários mais baixos pagos a um ator de sucesso. É notável constatar que Marilyn sempre foi mal remunerada. Mesmo ao se tornar uma estrela incontestável, adulada pelo público e atraindo um rio de dinheiro para os estúdios, estes continuavam a maltratá-la ao lhe oferecer papéis pífios, nos quais se saía bem, mas que a frustravam imensamente. Em suma, seu trabalho não era honrado com seu justo valor, e Marilyn nunca tinha dinheiro. Afora os impostos, gastava uma fortuna com professores (arte dramática, canto e dança), cabeleireiros, hotéis, agente e o sustento da mãe. Além disso, era tão generosa que dava presentes suntuosos a todos os amigos, como por exemplo seu Cadillac, que deu para Natasha Lytess. O dinheiro escorria entre seus dedos.

Foi durante o ano de 1952 que Marilyn viu-se seduzida pelos assédios do grande campeão de beisebol Joe DiMaggio, de origem siciliana, astro esportivo incontestável, que acabara de se aposentar. Marilyn ficou tocada com sua amabilidade, a seriedade das intenções e seu desejo de constituir uma família. Por outro lado, saía com outros homens. Os biógrafos falam de Robert Slatzer, jornalista, com quem teria dado uma escapada seguida de um casamento relâmpago no México, logo anulado uma vez passados os eflúvios do champanhe.[16]

Foi por essa época que a imprensa, ávida pelo passado de Marilyn, desencavou o calendário para o qual ela posara nua, fotografada por Tom Kelly em 1949. Duas fotos são famosíssimas: uma delas mostra Marilyn totalmente nua, eroticamente deitada, o rosto um pouco enfiado atrás do braço, os cabelos compridos, um sorriso de saciedade; a outra mostra Marilyn de lado, deitada sobre um tecido vermelho, magra, o corpo muito gracioso e longilíneo, a cabeça voltada para a lente como num instante de êxtase. A Fox, apavorada com aquele escândalo, quis obrigá-la a negar em bloco aquelas invenções. A censura reinante nesse período de macarthismo podia provocar uma queda incrível do capital financeiro representado pela estrela. Ela não se deixou intimidar. De forma espontânea e hábil, num tom confidencial, contou a verdadeira história das fotos a uma jornalista a quem fingiu pedir conselho. Naturalmente, esta não guardou o segredo. Assim, o artigo de Aline Mobsby foi publicado no *Herald Examiner* de Los Angeles sob o título "Marilyn Monroe admite ser a loura que pousou nua para o calendário". Explicava-se que, tendo necessidade de dinheiro para sobreviver, aceitara posar nua por 50 dólares, sob a condição de que as fotos fossem anônimas e tiradas na presença da mulher do fotógrafo. A estrela declarou então que achava que não a reconheceriam e admitiu não saber mentir... Suplicava que a compreendessem e perdoassem. Foi entrevistada com freqüência nessa ocasião. Respondeu diferentemente, de acordo com os interlocutores. Declarou também: "Posei para um calendário. Não quero ser reservada para alguns, quero ser de todos, do meio de onde venho; quero que um homem, ao voltar de um longo dia de trabalho, veja essa foto e se sinta suficientemente inspirado para exclamar: 'Uau.'" A fibra de Marilyn prevalece sobre as afetações falsamente puritanas.

A outros jornalistas que lhe perguntavam agressivamente o que ela havia usado durante aquelas sessões de fotos, respondia: "O rádio!" Uma réplica que, como sempre em Marilyn, saía de forma espontânea, não premeditada, ao contrário do que dizem.*

A reportagem de Aline Mobsby foi reproduzida por toda a imprensa, tanto nos Estados Unidos como na Europa. O que era anunciado como um desastre para a Fox transformou-se em triunfo exclusivamente por obra de Marilyn. Se não é decente mostrar o corpo nu por dinheiro, em contrapartida não deixa de ser honesto fazer todo o possível para pagar o aluguel, até mesmo ser fotografada nua, mas na presença da mulher do fotógrafo para legitimar o ato, que então se torna um auto-sacrifício. Foi também uma coragem inegável dizer publicamente a verdade, isto é, não sentir vergonha de tê-lo feito nem de ver sua nudez exposta, mas sem pecado. O puritanismo foi desmascarado em seu próprio terreno, e Marilyn, venerada.

DiMaggio não gostava daquela história de calendário e dava sinais de irritação sempre que Marilyn alcançava um sucesso excepcional por esse motivo. É verdade que ela não sabia nada de beisebol e ele não gostava nem de Hollywood nem de cinema. As fotos do calendário estavam por toda parte, e Joe mantinha-se distante.

Na primavera, as filmagens de *O inventor da mocidade* foram interrompidas por uma crise de apendicite de Marilyn. Ela quis adiar a operação, mas foi obrigada a realizá-la em 28 de abril de 1952 no Cedars of Lebanon Hospital. O cirurgião ficou estupefato ao encontrar, colada com durex na pele do baixo-ventre da paciente, a seguinte mensagem: "Caro dr. Rabwin, corte o menos possível, por favor. Sei que meu pedido pode parecer frívolo, mas a questão não é essa. O fato de ser uma mulher é importante e conta muito para mim. Então, pelo amor de Deus, caro doutor: não tire meus ovários! Obrigada de todo o coração. Marilyn Monroe." Temeria que, ao lhe tirar o apêndice, o médico, em razão da proximidade, lhe suprimisse a capacidade de parir, extraindo-lhe os ovários? Rabwin foi assistido por um ginecologista durante a operação a fim de tranqüilizar a incrível paciente. Esse episódio indica a que ponto Marilyn achava que podiam privá-la da possibilidade de ter filhos à sua

---

* A frase original teria sido: "It's not true that I had nothing on. I had the radio on." (N.T.)

revelia. Receio ingênuo e popular diante do exorbitante poder médico, medo de que durante uma anestesia o doutor pudesse passar dos limites. Podemos supor que Marilyn atormentava-se pelo desejo de ter filhos.

Nessa fase era DiMaggio quem a assediava na perspectiva de formar uma família. Montanhas de flores enviadas por ele a receberam no hospital. Ao ter alta, Marilyn quis ser penteada e maquiada por seu fiel Allan Snyder. Foi nessa ocasião que pediu a ele que jurasse que a maquiaria no dia de seu enterro. O que veio a acontecer.

Os jornalistas descobriram Gladys, sua mãe, que, novamente casada, acabara de perder o marido. Numa ocasião anterior Marilyn dissera aos jornalistas que era órfã. Diante da notícia sensacional, não se desencorajou. Explicou que na prática nunca vivera com sua mãe. Pequena, contaram-lhe freqüentemente que a mãe morrera em um acidente, e ela deixara circular essa versão. Depois acrescentou que assim quisera respeitar o desejo de sua mãe de "permanecer anônima". A um jornalista, declarou: "Nunca nos conhecemos intimamente e nunca tivemos um relacionamento normal de mãe e filha. Se cometi um erro ao esconder os fatos, peço que aceitem minhas mais profundas desculpas, e peço também que acreditem que meus motivos eram os de consideração por uma pessoa a quem devo muito."[17] Não desejava que soubessem que sua mãe havia sido "doente mental". Desse modo, mantendo-a no anonimato, ficavam ambas protegidas do assédio dos jornalistas, ávidos por leituras simplistas e obscenas sobre o tema do abandono e da loucura.

Esse "respeito pelo anonimato" formulado como exigência materna foi mais elegante que esconder a mãe. Mais uma vez, Marilyn encontrou o tom certo para dizer publicamente sua verdade: ela se chama Monroe, usa o nome da mãe e é livre para criar suas próprias legendas.

5

Torrentes de paixão e DiMaggio: Marilyn afirma sua diferença

Durante um recital para militares de Camp Pedelton, Marilyn fez um grande sucesso com a canção sensual "Do it again". Arrasava com sua voz única quase sussurrada, às vezes à beira do desmaio ou do esgotamento. Uma voz que evoca o íntimo, o espaço privado, a confidência. Essa voz tão doce era às vezes acompanhada por ligeiros gemidos que acrescentavam uma pitada irônica bem ao estilo dela. A imprensa não parava de falar sobre ela: artigos, fotos, capas de revistas, filmes, intrigas referentes à sua relação amorosa com o grande campeão DiMaggio. Aos vinte e seis anos, a mídia a endeusava continuamente.

O fotógrafo Philippe Halsman fotografou-a nessa época em um vestido branco superaudacioso. Podemos observá-la evoluir em um canto, quase trêmula, com um ar de inocência, de surpresa e fugaz disponibilidade sexual. Essas fotos famosas revelam uma sensualidade não venal, produzida como uma doação ilimitada de si. Uma superação delicada do terror do sexo. Ela teria dito a Hans Jorgen: "Gostaria de transformar a sexualidade em amor, em um fenômeno incorpóreo."[18]

A Fox ofereceu-lhe um papel em um filme em technicolor, *Torrentes de paixão* (*Niagara*), dirigido por Henry Hathaway. Filme opressivo, de um erotismo úmido, que se passa na vertigem das cataratas. Marilyn representa Rose, esposa voluptuosa e libertina que planeja assassinar o marido (Joseph Cotten) com a ajuda do amante. Foi por ocasião dessas filmagens que Marilyn, aproveitando um salto de sapato que soltara, criou seu célebre gingado. Ela mostra esse andar tão sugestivo quanto cômico ao descolar o erotismo da paródia do gênero feminino, armadilha para o olhar dos homens. Esse exagero torna-se jovial e estético, evocando para todos a influência inescapável das imagens-clichês, e imediatamente as ameniza. No ambiente perigoso, úmido e tumultuado das quedas d'água, Rose entrega-se à paixão amorosa clandestina, resolvida a se desvencilhar de seu homem. Mas o marido descobre o complô e assassina o amante no momento em que este tenta matá-lo. Depois, mata a esposa. Mais uma vez, ao representar um papel de verdade, e não o de mera idiota vaidosa, Marilyn é precisa, encarnando a força erótica em seu poder de destruição. Hathaway declarou: "Ela não conseguia saber se era uma boa atriz. O que é trágico é que nunca se permitiu sê-lo." Esse filme fez sua reputação. Nele, Marilyn cantarola a música "Kiss", que pediu especialmente para a ocasião. A cena em que o marido quebra o disco foi acrescentada no último minuto porque a visita ao set de uma representante do Woman's Club of America, revoltada com a personagem de Rose, fez com que se reconhecesse, à sua revelia, a que ponto o talento de Marilyn era grande, sensual e sugestivo. "Ela era a melhor atriz ao natural que eu já tinha dirigido... inteligente, naturalmente inteligente. Infelizmente, sempre se deixou levar por medíocres. Acho que ninguém a tratou à altura de seu talento. Para a maioria dos homens, ela era alguém de quem se sentia um pouco de vergonha — inclusive para Joe DiMaggio."[19]

Somos levados a crer que Hathaway falou a verdade. É um aspecto excepcionalmente forte da arte de Marilyn: manter em alto nível e exposta a extravagância exclusiva de ser mulher. Os Estados Unidos dos anos 1950 queriam livrar as mulheres da culpa do sexo, mas tratava-se de mostrar um erotismo cômico, leve, coerente com a vida conjugal, uma espécie de entretenimento. Os estúdios aceitavam que Marilyn desencadeasse uma vibração sem precedentes, mas temiam que encarnasse o que há de baixo e escuro no erotismo, sua força obscena de destruição. Ora, justamente nisso Marilyn era "naturalmente" uma excelente atriz. Queriam explorá-la como brinquedo glamouroso ao mesmo tempo alegre e degradado, mas não se percebia que em sua representação "natural" ela integrava, por seu desempenho, o erotismo, o amor e a dimensão de terror do sexo que só ela sabia fazer ecoar.

Marilyn queria casar-se e ter filhos. Quando compreendeu as exigências culturais da família siciliana DiMaggio, declarou oficialmente que queria se tornar dona-de-casa. Iria se sentir plenamente realizada quando tivesse constituído uma família... Só o fato de declarar isso em público dava a seu plano uma dimensão paródica, não convencional. Joe pediu-lhe seriamente que pensasse em abandonar a carreira. Marilyn, porém, não queria escolher entre a carreira de atriz e a vida familiar — queria as duas. Fora a recusa dessa exclusividade que lhe fizera renunciar ao seu primeiro casamento, sob o preço de viver arduamente seus primeiros passos em uma profissão de aspectos freqüentemente sórdidos e dispersivos. Agora era célebre; tratava-se do casamento de duas grandes estrelas. Ela desejava continuar sua impressionante escalada em aparições públicas, fotos e filmes, e viver um grande amor no âmbito do casamento e da maternidade. Queria realizar o sonho feminino norte-americano por excelência.

Todos os comentadores dizem que DiMaggio tinha muito ciúme do sucesso glamouroso de Marilyn. Ela detestava que a desprezassem, e queria sinceramente ampliar sua celebridade tornando-se uma atriz de verdade.

Durante essa discussão privada com Joe, ela continuou a surpreender e a desarmar preconceitos. Apresentou-se ao vivo no rádio para a leitura de uma peça teatral. Em uma entrevista, declarou a um jornalista que nunca usava roupa de baixo — nem calcinha, nem sutiã: "Gosto de me sentir livre", afirmou. Hathaway propôs-lhe que usasse as próprias roupas em *Torrentes de paixão*. Ela lhe disse que praticamente não tinha roupas, apenas um suéter e duas calças. Pegava emprestado do estúdio tanto seus figurinos como seus trajes formais. Marilyn nunca deve ter aprendido a comprar roupas, hábito que adquirira na infância, quando tinha o único vestido azul fornecido pelo orfanato. O estúdio, como nova versão do orfanato, oferecia os trajes. Ao comprar as roupas sugeridas por Hathaway, Marilyn chocou as vendedoras quando ficou nua numa sala de prova. Muitas pessoas contaram esse mesmo episódio, que, se pode ser engraçado, também assinala um aspecto singular e original de Marilyn: ela podia passar por desprezível ou provocante ao experimentar roupas em lugares quase públicos nua em pêlo!

Marilyn afirmava que não possuir nada, não pertencer a ninguém e ficar nua e com a consciência tranqüila constituíam sua forma de liberdade.

6 Uma estrela popular

Marilyn fora cogitada para trabalhar ao lado de Jane Russell em *Os homens preferem as louras* (*Gentlemen Prefer Blondes*). Embora houvesse recebido um aumento para esse filme (15.000 dólares), ganhava dez vezes menos que Jane Russell (150.000 dólares). Mesmo sendo a melhor estrela de bilheteria, continuavam a lhe pagar salários vergonhosamente baixos. O que leva a crer que não era considerada uma dama de respeito. Paga-se mal a uma moça oriunda do subproletariado. Marilyn não tinha nada de burguesa.

Lorelei, uma bela cantora, louca por diamantes, hipnotizada por essas pedras preciosas, estava noiva de um rapaz muito rico, contra a vontade do pai do rapaz. A amiga Dorothy é sua acompanhante na experiência de uma viagem para a Europa. Marilyn, no papel de Lorelei, introduziu alguns toques pessoais no script. Por exemplo, quando o pai do noivo rico lhe diz: "Eu achava que você era burra!", ela cria esta réplica: "Posso provar minha inteligência quando for importante, mas a maioria dos homens não gosta disso." As duas atrizes estão excelentes nessa comédia musical ligeira que ridiculariza as armadilhas do amor interesseiro, os clichês da sedução machista etc. Nesse filme, Marilyn apresenta uma interpretação lendária da canção "Diamonds are a girl's best friend". Sabia destilar uma ironia extravagante sobre as questões homem/mulher, e foi esse espírito que transmitiu na música. Embora fosse "a loura" que os homens preferem, recebeu muito menos que a morena Russell!

No fim de 1952, Marilyn conseguira impor uma imagem que ela própria fabricara de mulher mutante; era a estrela do calendário que levantava as massas com sua voz de Lolita e sua beleza vibrante. Apesar de fazer tudo para parodiar sua imagem, sofria e dizia querer outra coisa.

No início do ano de 1953, DiMaggio fez um pacto com ela, exigindo que não usasse mais vestidos decotados em público. Ele detestava sua *coach*, como aliás a maioria dos que trabalhavam com ela, e lançou-se numa campanha para livrar Marilyn da dependência com relação àquela mulher, segundo ele totalmente inútil e dispendiosa.

Em seguida Marilyn atuou em *Como agarrar um milionário* (*How to Marry a Millionaire*), dirigido por Jean Negulesco. Uma comédia feita unicamente para atrair as massas, com as estrelas mais populares da época: Betty Grable, Lauren Bacall etc. A cena em que ela dorme nua sob os lençóis causou sensação. Sua audácia produziu um sucesso inimaginável. Chegavam milhares de cartas, reportagens, fotos e entrevistas em profusão.

A Fox propôs-lhe depois fazer *O rio das almas perdidas* (*River of No Return*), dirigida por Otto Preminger, roteiro igualmente feito de uma série de clichês de apelo comercial. Marilyn aparece com Robert Mitchum no meio de uma paisagem magnífica, sexy, de jeans, maquiada, enfrentando corajosamente e sem se queixar as corredeiras de um rio em uma canoa — o que exigia grandes esforços físicos e resistência ao trabalho. Cantou com elegância: "One silver dollar", "I'm gonna file my claim", "Down in the meadow". Preminger não suportava Natasha, que, segundo ele, não servia para nada a não ser ficar insistindo com Marilyn para refazer as cenas, sem necessidade alguma, e contribuindo para tornar insuportável o clima durante as filmagens. Todos achavam que Natasha estimulava a mania de perfeição de Marilyn, aumentando portanto sua incurável dúvida quanto a seu valor como atriz. Apesar disso, ela devia ser-lhe útil. Será que encarnava uma abertura para essa exigência estranha, essa "espécie de loucura" à qual Marilyn nunca renunciava?

Marilyn contundiu uma perna, teve de voltar com urgência para Los Angeles e terminou a filmagem no estúdio. Na saída do avião, a equipe foi recebida por uma nuvem de repórteres que Mitchum teve de afastar. "Ela achava que aquele alvoroço todo era para outra pessoa!", declarou um tanto decepcionado.

Nessa época foi lançado o famoso relatório do dr. Alfred R. Kinsey, *O comportamento sexual da mulher*, segundo volume depois de *O comportamento sexual do homem*. A mídia associou o sucesso de Marilyn Monroe aos resultados do relatório Kinsey. Este afirmava que uma parte não desprezível das mulheres norte-americanas (a metade) tivera aventuras antes do casamento; que uma parte não desprezível (um quarto) das mulheres casadas tinha amantes; e que as norte-americanas declaravam sentir prazer durante as relações sexuais. O livro foi objeto de polêmicas na imprensa e ameaçado de censura. Na Europa, não provocou tanto escândalo. Nos Estados Unidos, tratava-se de reconhecer abertamente que as mulheres tinham desejos sexuais, que aspiravam a certas liberdades, e era o sucesso de Marilyn que personificava essas "descobertas revolucionárias" — ela era sua imagem emblemática.

Ao mesmo tempo, Zanuck propôs a Marilyn um novo filme, *Pink Tights*, no qual faria uma professora que se torna cantora de cabaré. Ela não tinha vontade de fazer esse filme e queria mudar as regras do jogo com a Fox. Joe a encorajava, porque sabia de seu enorme sucesso e de quanto dinheiro representava para o estúdio. Sugeriu uma estratégia que consistia em aguardar a publicação dos resultados dos últimos filmes bem-sucedidos para então negociar com os chefões. A primeira exigência de Marilyn era ler o roteiro antes de concordar em aceitar o papel. Ficava muito nervosa com a idéia de recusar alguma coisa a Zanuck, pois temia ficar sem um tostão caso fosse suspensa, mas tanto Feldman, seu novo agente, quanto DiMaggio a pressionavam a resistir.

Marilyn queria receber mais dinheiro, fazer menos filmes, escolher os diretores e os chefes-operadores. Joe mantinha-se firme e decidido a apoiá-la. Ela estava aterrada com a idéia de um enfrentamento. No Natal, ganhou de Joe um casaco de visom cinza-escuro, e se sentiu menos desamparada.

Quando Marilyn recebeu uma convocação para o início das filmagens de *Pink Tights* em 4 de janeiro de 1954, Joe aconselhou-a a ignorá-la. Foi então suspensa, fato que soube por um jornalista. Feldman pediu a Marilyn que agüentasse durante certo tempo, queria negociar quando as cifras se tornassem públicas. Foi então que DiMaggio renovou o pedido de casamento e Marilyn aceitou. Ela não deixou de avisar a alguns jornalistas na surdina. Casaram-se rapidamente, no dia 14 de janeiro de 1954. Ela usava um vestido escuro, com gola de arminho branca, simples e absolutamente encantadora. Perguntaram-lhe quantos filhos queria ter; respondeu seis. Joe disse que queria apenas um. As duas estrelas estavam cercadas por alguns amigos de Joe e foram perseguidas por jornalistas na saída da Prefeitura de São Francisco.

Quando Zanuck soube do casamento de Marilyn Monroe com Joe DiMaggio, anulou a suspensão, mas exigiu que ela se apresentasse no mais tardar no dia 24 de janeiro. Os recém-casados tiveram de fugir da cidade de São Francisco como ladrões e se refugiar em um hotel a fim de dispersar a malta de *paparazzi*. Depois de dez dias de escapada na neve, regressaram. Zanuck, ao saber que Marilyn queixara-se de não ter recebido os roteiros para ler, enviou o roteiro de *Pink Tights* para sua casa. Depois da leitura, a estrela resolveu não se apresentar para as filmagens e mandou dizer por seu advogado: "Ela leu o roteiro e não sente vontade de fazer o filme." Foi novamente suspensa.

Começou então um período de negociações bastante complicadas com a Fox. Zanuck concordava em lhe conceder alguns privilégios "simbólicos", mas pretendia decidir sozinho quem ia trabalhar no filme e qual o roteiro a ser filmado. Feldman temia o humor de Marilyn, principalmente porque ele só recebia caso os contratos fossem assinados.

Joe convidou sua jovem esposa para acompanhá-lo em um trabalho de beisebol no Japão, oportunidade inesperada para tornar Marilyn indisponível para as filmagens, de onde a convocavam insistentemente. Feldman queria ganhar mais tempo. Quando o casal voou para o Japão via Honolulu, os jornalistas aglomerados no aeroporto perceberam que Marilyn estava com o polegar quebrado. Ela soube esquivar-se das perguntas, mas havia margem para se pensar que o "brutamontes" do marido exagerara durante uma briga de casal. Na chegada a Tóquio, DiMaggio passou quase despercebido, e Marilyn foi aclamada de tal forma que tiveram de sair pelo saguão de bagagens, cercados de policiais. O sucesso da bela esposa fazia sombra ao marido, embora ele fosse um astro famoso.

Enquanto Joe era demandado por suas obrigações esportivas, Marilyn, assim como Marlene Dietrich, foi convidada pelo quartel-general do Extremo Oriente para visitar as tropas estacionadas na Coréia, para as quais planejavam um show improvisado. Joe opunha-se a esse projeto, mas, diante da insistência das autoridades militares e do entusiasmo de Marilyn, foi obrigado a ceder. No dia 8 de fevereiro, vestida de marinheira, voou para a Coréia em um helicóptero militar, fazendo o piloto dar rasantes a fim de que pudesse colocar a cabeça para fora e saudar os recrutas entusiasmados. Marilyn foi recebida por gritos ensurdecedores e intermináveis ovações. Apresentou-se uma dezena de vezes, cantou

"Sessenta mil homens ficaram extasiados diante de seu charme, talento, simplicidade mágica e naturalidade."

sobre tablados improvisados seus famosos "Diamonds...", "Do it again", verdadeiras performances que fizeram as tropas delirar. Diziam que estava bela, alegre, sexy, generosa e que se divertia muito. Não tinha medo de nada. Era apenas "muito feliz", declarou depois. Sessenta mil homens ficaram extasiados diante de seu charme, talento, simplicidade mágica e naturalidade. Ao voltar, quando os jornalistas perguntaram como se sentira na Coréia, respondeu, com o bom humor que a caracterizava: "Em segurança!" E conseguia andar pelas ruas? "Ando desde os dez meses de idade!" Qual a pele que está usando? "Raposa (*fox*), mas não da espécie Twentieth Century Fox!"

Marilyn sempre dizia que aquela fora uma experiência extraordinária para ela, que se "sentira em casa" diante daquele público, "olhada e amada". De fato, descobrira seu caminho durante as apresentações espontâneas. Revelara-se brilhante sem a presença de sua treinadora e do marido, ocupados com outras coisas. Na Coréia, não ficou paralisada por nenhum pânico, não tropeçou nas palavras, sentiu-se "perfeitamente à vontade". Sozinha com seus empresários e o público, Marilyn sabia se produzir com talento. Era a exigência opressiva de ser uma "boa atriz de arte dramática" que a sufocava em meio a inibição e angústia.

De volta em 24 de fevereiro, Marilyn foi sozinha buscar os prêmios do Oscar pelos filmes *Os homens preferem as louras* e *Como agarrar um milionário*. Estava toda de seda branca, seus cabelos haviam passado do louro-dourado para o louro-platinado.

Em 31 de março, Marilyn acabou assinando com a Famous Artists Agency e deixou a agência William Morris. A Fox desistiu oficialmente de fazê-la trabalhar em *Pink Tights* e, em contrapartida, ofereceu-lhe um segundo papel em *O mundo da fantasia* (*There is no Business Like Show Business*), considerando que lhe reservara o papel principal em *O pecado mora ao lado* (*The Seven Year Itch*), dirigido por Billy Wilder, co-produzido por Wilder e Feldman. Um novo contrato teria início em agosto de 1954: ela receberia por *O pecado mora ao lado* luvas de cem mil dólares. Marilyn dava-se conta de que novamente enriqueceria os outros muito mais que a si própria e que não conquistara sua liberdade artística, ainda que houvesse obtido o pagamento de sua *coach* e de seus professores de canto e dança.

Em maio, sua suspensão foi anulada e ela voltou a trabalhar assiduamente nas filmagens de *O mundo da fantasia*, no qual aparecia como uma camareira de vestiário a quem oferecem a possibilidade de dançar e cantar. Mais um filme em que ela devia se impor, como se surgisse de lugar nenhum, em roupas estapafúrdias, nas cenas sentimentais e corriqueiras de cabaré. Naquele verão teve crises de bronquite, que se seguiram à sua viagem ao Japão, e padecia dos efeitos dos soníferos que começava a usar abundantemente. Chegava às vezes vacilante, numa confusão mental. Não estava feliz nem com sua vida conjugal (Joe desconfiava tanto de seus contatos no set que amarrava a cara a maior parte do tempo, e provavelmente a espancava), nem com sua vida de atriz (desaprovava os papéis que lhe ofereciam e era mal remunerada). Joe pressentia que Marilyn tinha um caso com Hal Schaefer, com quem ela ensaiava as canções, pois se mostrara assídua em sua cabeceira quando este tentara o suicídio, e por isso mandou segui-la. Durante as filmagens de *O mundo da fantasia*, assistiu ao bailado erótico de Marilyn como dançarina provocante que tenta a sorte junto aos produtores. Ela cantava corajosamente com sua voz peculiar "After you get what you want, you don't want it" e "Heat wave". Segundo alguns depoimentos, na saída do ensaio Marilyn correu para os braços do marido, este a repeliu violentamente, começou a insultar todas as pessoas que estavam no set e foi embora. Quando Marilyn foi chamada diante da câmera, havia perdido toda a graça.

7

Atriz fora do comum

Não esqueçamos que Marilyn só aceitara fazer *O mundo da fantasia* para poder filmar *O pecado mora ao lado* em Nova York, em setembro de 1954.

Marilyn desembarcou sozinha na cidade usando um vestido justo de lã. Foi mais uma vez recebida por um bando de jornalistas e deu entrevistas, além de uma coletiva em uma das sedes do *Daily News*. A despeito de passagens encantadoras e bem-humoradas, o filme trata de maneira bastante superficial a relação entre um homem casado há sete anos e uma moça anônima ingênua e graciosa, no verão, em uma Nova York quente, onde todos querem se refrescar numa atmosfera de climatização e reflexões sobre psicanálise. O interesse primordial reside essencialmente nos momentos em que Marilyn aparece. É em *O pecado mora ao lado* que, sob grande estardalhaço, ela fez a cena da saia plissada branca que esvoaça ao vento sobre o respiradouro do metrô, filmada entre uma e quatro da manhã na esquina da avenida Lexington com a rua 52. Na realidade, foram usados efeitos especiais para levantar o vestido e revelar sua recatada e bonita calcinha branca. Marilyn, maravilhosa, devia reagir como uma moça pudica e rir daquela situação inaudita. Uma multidão aglomerara-se diante do incrível espetáculo. Tudo fora maquinado pela esperteza do fotógrafo Sam Shaw. Mas alguém teve a boa (má) idéia de convidar Joe DiMaggio, de passagem por Nova York, para ir até a locação onde sua mulher dava aquele espetáculo, sem avisá-lo de nada. Essa iniciativa decerto partiu de um amigo mal-intencionado, disposto a colocar lenha na fogueira do casal. Joe deparou com a mulher sorridente, saia levantada, pernas de fora diante de uma multidão de basbaques em delírio. Louco de raiva, espancou-a naquela mesma noite;

duas semanas mais tarde, ela pediu o divórcio — que ele não queria dar de jeito nenhum. A cena registrada foi na verdade rodada no estúdio. O resultado é que mal se vêem as pernas da estrela, e absolutamente nada de sua calcinha branca!

As centenas de fotos da cena da saia levantada pelo respiradouro do metrô que mostram Marilyn jovialmente surpresa, tentando se recompor, rodaram o mundo e continuam exalando vida. Apesar disso, estão ausentes do filme, no qual o desempenho de Marilyn, por sinal, não tem grande impacto. Essa história é bastante significativa do fenômeno Marilyn Monroe, que explode nas fotografias coreografadas por ela, mais ainda que nos filmes! Emana dessas imagens uma vitalidade excepcional, um riso franco e aberto que todas as mulheres do planeta conhecem. Uma boa brincadeira!

A noite terrível que Marilyn teve de enfrentar após a cena da saia foi seguida por uma pneumonia que adiou as filmagens. Todos estavam aflitos, e Wilder sabia que o filme só se segurava pela presença de Marilyn.

Wilder observou posteriormente:

> Seu impacto físico era extraordinário, ela aparecia na tela e era como se pudéssemos tocá-la, sua imagem possuía uma estranha realidade, bem além do que uma câmera pode reproduzir. Mas há outra coisa: ela possuía um instinto natural para dizer um texto cômico e lhe dar um tom especial, um estilo à parte. Nunca era vulgar, mesmo num papel que tinha tudo para isso acontecer, e de certa maneira a gente sentia isso quando a via na tela. Ela tinha uma qualidade que ninguém mais teve no cinema, exceto Garbo. A verdade é essa.[20]

Marilyn tinha a naturalidade da ficção.

No início de outubro Marilyn deu início ao divórcio. Fazia questão de conceder uma entrevista digna de sua imagem pública. Apresentou-se sobriamente triste, pendurada no braço do advogado, diante da horda de jornalistas que armara um cerco à sua casa. As imagens da cena comovem pela sinceridade. Afinal o que ela podia dizer e repetir senão que estava "desolada"?

A partir desse momento DiMaggio perseguiu Marilyn, contratando um detetive para segui-la. Chegou a participar pessoalmente de uma operação ao lado de Frank Sinatra, quando irromperam em um local onde seus informantes afirmavam que topariam com o amante dela, Hal Schaefer. Mas se enganaram de porta!

Apesar de todos esses problemas particulares, Marilyn mostrara-se muito cooperativa e profissional durante as filmagens de *O pecado mora ao lado*, e, ao contrário das queixas de Zanuck, Wilder não poupava elogios àquela atriz "sensacional". Feldman, agente de Marilyn e co-produtor do filme, aproveitou-se disso para dar uma grande festa no restaurante Romanoff em homenagem à sua cliente, evento prestigiado pelas grandes estrelas de Hollywood. Marilyn viu-se cercada por Lauren Bacall, Humphrey Bogart, Gary Cooper, Samuel Goldwyn, Billy Wilder, Clark Gable, Darryl Zanuck, claro, e muitos outros. Felicitada por todos, era enfim aceita como atriz pela elite; até Zanuck cumprimentou-a, dizendo que estava "magnífica" no filme.

Sigilosamente, Marilyn planejava a partida de Hollywood. Seus advogados estudavam como demonstrar a nulidade de seus contratos e como criar sua própria produtora com o amigo e brilhante fotógrafo Milton Greene, que ressurgira em sua vida.

Se nos detivermos nos dois últimos filmes, causas de seu divórcio, veremos que Marilyn é usada essencialmente como isca sexual. Seduz, brilha e joga com isso. Os produtores preferiram a repetição do lado caricatural, portanto vulgar, de sua própria biografia. Dado seu enorme sucesso, podemos compreender que ela desejasse reivindicar papéis mais consistentes, querendo encarnar personagens menos comuns do ponto de vista do jogo psicológico. Agora era autenticamente reconhecida como excelente atriz pelo meio artístico hollywoodiano, mas sempre contra a opinião dos estúdios. Ela escreveu: "Em Hollywood havia um monte de gente mesquinha, fracassados que fingiam sucesso. Embora essa Hollywood chafurdasse na mediocridade e na mentira, era mais humana e pitoresca que os locais freqüentados pelos grandes."

Marilyn desejava abandonar o ambiente dos estúdios, onde mesmo os atores de sucesso não podiam escolher seus papéis, sendo obrigados, por contrato, a fazer os personagem que lhes impunham. Ela hesitava, mas queria mudar.

Como era praxe em todas as suas reviravoltas, Marilyn acusou o golpe fisicamente. No início de novembro de 1954, foi hospitalizada

“Decidiu que estaria na primeira fila todas as noites em que Ella cantasse.”

por motivos ginecológicos. DiMaggio, seu ex-marido, não a largou um instante.

Assim que se recuperou, soube que as boates da moda não contratavam artistas de cor. Então, para apoiar seu ídolo, a cantora negra Ella Fitzgerald, rejeitada pela boate Mocambo, decidiu que estaria na primeira fila todas as noites em que Ella cantasse, se a casa concordasse com as apresentações. A boate ficou lotada! Foi a maneira típica de Marilyn atuar em favor da luta pelos direitos civis, tão desrespeitados nos Estados Unidos. Sua maneira pessoal de ser livre e política.

Em dezembro, Marilyn demitiu seu agente e seu advogado e mandou dizer à Fox que dali para a frente tratassem diretamente com ela ou com seu novo advogado nova-iorquino, Delaney.

A reviravolta nova-iorquina

8

E, de fato, com a cooperação de Milton e Amy Greene, Marilyn conseguiu livrar-se da Fox. Milton, grande fotógrafo ("o melhor fotógrafo de mulheres", dissera Avedon), era íntimo e cúmplice da estrela, tinha sido seu amante alguns anos antes e provavelmente voltara a sê-lo por um breve momento, em agosto de 1953, por ocasião de uma reportagem para uma revista de moda. Foi então que montaram o plano.

Não demorou muito para Marilyn e Greene anunciarem a criação de uma nova produtora — Marilyn Monroe Productions (MMP) —, da qual ela era presidente e sócia majoritária. Nasceu então uma "nova Monroe". Cansada de representar símbolos sexuais, queria outros papéis. Ao perceber a fragilidade do empreendimento e o anúncio um tanto improvisado, a imprensa quis ridicularizar o negócio: "A nova Monroe é quase igual à antiga!" Ora, faltava a Marilyn conquistar a adesão do meio artístico de Nova York. Ao mesmo tempo, continuavam os mal-entendidos e as negociações com a Fox, cujos representantes andavam furiosos com as declarações dos advogados da estrela que afirmavam que seu contrato terminara depois de *O pecado mora ao lado*. O estúdio queria que ela fizesse ainda um "filme pensado especialmente para ela", *How to Be Very, Very Popular*, escrito por Nunnally Johnson. Marilyn então teve de usar de mil artifícios para conseguir participar das últimas cenas e da pós-produção de *O pecado*... e escapar do filme seguinte. Voltou a Los Angeles, apoiada por DiMaggio, sempre leal a seus compromissos, para trabalhar no longa-metragem. Mas logo em seguida sumiu. E, mais uma vez, foi suspensa pelo estúdio.

O período foi difícil, pois Milton Greene não era um homem de negócios e tornou-se necessário inspirar confiança a fim de arranjar dinheiro para financiar o nível de vida da estrela. Foi a própria Marilyn quem defendeu seu projeto diante de pessoas influentes e desconfiadas. Conseguiu convencer Cheryl Crawford (importante produtora na Broadway), abertamente hostil a ela por ter se separado de Feldman. Mesmo assim, Crawford sugeriu que ela entrasse para o Actor's Studio, laboratório-escola de atores que ela própria fundara em 1947 com Elia Kazan e Robert Lewis.

Em 4 de fevereiro de 1955, Marilyn assistiu pela primeira vez, na companhia de Cheryl Crawford, a uma sessão de trabalho dos atores. O diretor artístico, Lee Strasberg, "analisava, investigava, criticava, ridicularizava, pontificava, atacava. Ele tinha um discurso rápido e articulado."[21] Era conhecido como "o rabino". Testemunhas afirmam que "podia ser muito grosseiro. ... Olhava as pessoas como se não existissem."

Ao contrário dos professores de teatro que se apóiam no texto, ele realizava suas oficinas em cima do trabalho psicológico, como terapias livres de grupo.[22] O aluno podia participar aleatoriamente, intervir se quisesse, como em uma oficina específica, e realizar experimentos. Uma vez admitido, não havia currículo nem exigências formais. Eram oferecidas duas sessões abertas semanais e aulas particulares com Strasberg. Este levava os atores a se voltarem para "dentro de si mesmos". Encorajava-os a "observar um minuto" para "descobrir em si mesmos uma experiência emocional poderosa despertada pela cena que iam representar". Tratava-se não de fazer ressurgir a lembrança de uma experiência emocional, mas de viver aqui e agora o "recalcado" cinético deixado por uma experiência emocional de sua própria vida, incluindo paladar, olfato, visão, audição e tato, ainda que ela não reportasse diretamente à cena. Com freqüência, esses retornos de sensações eram vividos de maneira intensa, e os alunos saíam em lágrimas das sessões de trabalho. Strasberg citava Goethe: "A carreira do ator desenvolve-se em público, mas sua arte desenvolve-se privadamente." Falava de "talento em movimento". Tratava-se da importação e americanização do método utilizado por Stanislavski e pela escola tchekoviana russa. Strasberg preconizava o que designou como "o Método", considerado por todos o único caminho para a excelência dramática, tanto teatral quanto cinematográfica. Segundo ele, as exigências comerciais de Hollywood deviam ser ignoradas a fim de se formar uma elite de atores. Kazan já conversara muito com Marilyn sobre Lee Strasberg e o Actor's Studio. Dessa vez, ela entrava ali por méritos próprios. Continuou amiga de Kazan mesmo depois que ele prestou depoimento perante a Comissão de Atividades Antiamericanas.

O mestre do Actor's Studio parece ter recebido Marilyn com simpatia e interesse. Explicou-lhe que ser uma estrela de Hollywood não lhe traria a dignidade que buscava. Fascinado com a sensibilidade dela, disse que queria cuidar do seu "problema", investir em "sua personalidade oculta". Prometeu-lhe inclusive aulas particulares caso ela fizesse psicanálise, o que não era uma exigência comum da parte dele. Geralmente desaconselhava a psicanálise àqueles que se submetiam ao seu método, julgando que as duas experiências podiam entrar em choque.

Milton Greene logo indicou a Marilyn sua própria psicanalista, Margaret Hohenberg. O tempo dela foi rapidamente preenchido: duas vezes por semana nas sessões do Actor's Studio, três noites por semana com Lee Strasberg para oficina individual, seguida de um jantar em família, mais quatro horas semanais de exercícios de memória sensorial. E cinco sessões de análise por semana, de cerca de uma hora cada. Podemos imaginar o tempo dedicado a refletir, analisar, buscar em si as próprias sensações, exprimi-las, bem como as palavras psicológicas utilizadas para cingir tantas emoções! Marilyn mergulhou em um processo introspectivo.

Dizem que Milton fazia uso de várias substâncias, sedativas e excitantes, e que as fornecia a Marilyn. O uso de drogas farmacêuticas era moeda corrente na Nova York dessa época. Todos buscavam descobrir em si próprios como fazer coincidir vida e representação.

Em fotos da época, vemos Marilyn vestida com simplicidade, como uma estudante, o aspecto grave e atento de alguém sempre à escuta e à espera do que recebe. Um semblante de densa luminosidade, distante da estrela maquiada. Nas palavras de Constance Collier:

> Ela tem alguma coisa, é uma criança maravilhosa. Não acho que seja uma atriz como se entende tradicionalmente. O que ela possui — essa presença, essa luminosidade, essa inteligência à flor da pele —, tudo isso, no teatro, não produziria efeito. É tão frágil, tão sutil que, para captá-la, é preciso a lente de uma câmera; é como o vôo de um pássaro — apenas uma câmera pode captar sua poesia... Essa criança radiosa

> não tem noção alguma de disciplina ou sacrifício, e acho que não viverá muito. É idiota dizer isso, mas sinto que, de uma maneira ou de outra, ela morrerá jovem. Espero realmente de todo meu coração que viva o bastante para permitir que esse estranho e maravilhoso talento, que a habita como um espírito na gaiola, possa se exprimir.[23]

Uma grande profissional que dá sua opinião é coisa rara, e é muito importante esse diagnóstico sobre o que Marilyn "passava" para a câmera, e que certamente não funcionaria no teatro. Sua incrível luminosidade fugidia brilhava porque era efêmera. Muitos depoimentos concordam com isso. Às vezes Marilyn estava apagada, invisível, e em seguida se iluminava, animava e se tornava mais que visível: radiante. Há com certeza uma relação entre essa luz tremulante que faz prever uma morte jovem e o terrível pânico que a torturava quando tinha de representar diante da câmera.

Em Nova York, ela reencontrou Arthur Miller, a quem não via desde janeiro de 1951. Dava mostras de procurar oportunidades para isso. Por meio do amigo e fotógrafo Sam Shaw, quis ser apresentada ao casal Rosten, grandes amigos e vizinhos dos Miller em Brooklyn Hights. Os Rosten, totalmente desvinculados do mundo do espetáculo, tornaram-se grandes amigos de Marilyn.

Rosten narra que ao falar de um papel em um filme, Marilyn às vezes referia-se a si mesma na terceira pessoa: "Marilyn Monroe não aceitaria isso ou aquilo." Sua imagem tinha uma existência fora dela.

Por essa época Marilyn começou um caso às escondidas com Miller, que não desejava terminar seu casamento. Ele escrevia a peça *O panorama visto da ponte*, cujo tema era o opróbrio público sofrido por um traidor que denunciara clandestinos no seio de uma família de estivadores imigrantes italianos; em *Sindicato de ladrões* (*On The Waterfront*), de Kazan, trata-se de um ex-boxeador que vai testemunhar contra a Máfia (com a atuação mágica e ambígua de Marlon Brando). "O delator sabe que fez a coisa certa", disse Kazan, que recebeu oito Oscars pelo filme. A peça de Miller era uma resposta a Kazan: "Dar nomes acarreta inevitavelmente a destruição do delator." Essa observação situa-se no contexto de uma reflexão mais ampla sobre os Estados Unidos, a qual Miller achava que o país não queria empreender, preferindo esquecer radicalmente seu

"Como uma estudante, o aspecto grave e atento de alguém sempre à escuta e à espera. Um semblante de densa luminosidade, distante da estrela maquiada."

passado, suas crueldades e injustiças. Ele aspirava a um mundo em que "os atos voltariam a ter conseqüências".

Marilyn achava-se então no centro de uma rede complexa formada por três homens — Elia Kazan, Lee Strasberg e Arthur Miller —, ligados entre si por relações carregadas. Dizem que Lee estava em crise no Actor's Studio e que a chegada de Marilyn lhe serviu de tábua de salvação. Kazan tivera que sofrer as humilhações de Strasberg quando ainda não era conhecido e, em contrapartida, acabava de realizar direções importantes (entre elas a de *Um bonde chamado desejo*), enquanto Strasberg, o "pedagogo-nato",[24] não era um artista nem um bom diretor. Além disso, ninguém perdoava Kazan por ter entregue nomes à Comissão — era chamado de "alcagüete" ou "espião". Miller o evitava, e alguns alunos do Actor's Studio o esnobavam. É verdade que Strasberg tornara-se o rei do Studio, mas contra Kazan, o que destacava ainda mais o fato de que Lee não tinha a força criativa que pretendia, enquanto Elia, por sua vez, não se constrangia nem um pouco ao recrutar os atores de talento do Actor's Studio. O sucesso triunfal de *Sindicato de ladrões*, com a performance de Marlon Brando, e de *Vidas amargas* (*East of Eden*), com a de James Dean, fizeram de Kazan um herói. A chegada de Marilyn, porém, era uma arma nas mãos de Strasberg em sua luta pelo poder no Studio. Ele insistia para que ela recomeçasse do zero, como se sua imensa fama em Hollywood não fosse nada comparada à tarefa que deveria realizar ao lado dele.

Contam também que ela tornava-se apagada durante as entrevistas. Zanuck teve medo de um fracasso em *O pecado mora ao lado*, cujo lançamento adiou para o aniversário de vinte e nove anos da estrela. Não convém esquecer que "Marilyn era a pessoa mais adulada, mais fotografada, mais conhecida de todo o país".[25] *O pecado mora ao lado* foi um grande sucesso.

Em 1955, a caça aos comunistas estava menos virulenta que nos anos precedentes; o senador McCarthy fora condenado por seus pares em 1954, e Miller precisava de um passaporte. Já lhe haviam recusado um em 1954. Foi então convocado perante a Comissão de Atividades Antiamericanas. Não que apoiasse os comunistas, nem a URSS, mas não lhe passava pela cabeça ceder a uma suposta chantagem de tons patrióticos nem entregar nomes de companheiros presentes em reuniões políticas, aliás nem tão subversivas assim. A esquerda norte-americana não era estruturada politicamente fora dos sindicatos. A Comissão, em busca de recuperar sua aura, aproveitava-se do rumor sobre o caso do escritor com a estrela para envernizar sua imagem. Na realidade, sua intenção era produzir uma cena pública, que consistia em dar corpo ao delírio norte-americano, que se espalhava pelo país. As sessões da Comissão eram rituais públicos de humilhação e veneração pelo mito norte-americano.

Em uma crítica dupla sobre *Sindicato de ladrões* e *O panorama visto da ponte*, o jornalista Eric Bentley estabeleceu um paralelo entre as duas obras: "Não constitui surpresa que, no filme de Kazan, o ato de delação seja virtuoso e que, na nova peça de Miller, seja um pecado. ... É muito fácil ganhar quando já se tem as cartas, mas devemos admitir que o jogo perde todo o interesse."[26] Bentley aponta o moralismo de cada um, pondo-os um de costas para o outro.

O próprio Tennessee Williams pensou em Marilyn para atuar em sua obra *Baby Doll*, dirigida por Kazan. Mas o diretor não a via no papel de uma moça mimada de dezenove anos. Williams insistiu para que fosse ela. Marilyn se empenhou para ter o papel, mas no final Kazan se opôs. E podemos apostar que, se lhe tivessem dado a chance, alguma coisa teria mudado para ela, pois aquela era a hora de conseguir um papel importante, escrito e dirigido por autênticos grandes artistas. Foi uma dolorosa decepção.

Por outro lado, Marilyn não deixou escapar a oportunidade de obter os direitos de *O príncipe encantado* (*The Sleeping Prince*) para sua empresa, a MMP. Chegou a propor a direção e o papel principal a Laurence Olivier, na época um dos atores mais valorizados do mundo.

Além disso, finalmente conseguiu assinar com a Fox o contrato que reivindicava há mais de um ano. Conquistou o direito de aprovar a escolha do diretor, do roteiro e do chefe-operador. Obteve enfim cachês mais elevados, mais condizentes com seu sucesso, e a oportunidade, por contrato, de co-produções entre a Fox e a MMP. Zanuck saiu, pedindo demissão de seu posto de diretor de produção. A assinatura do contrato, uma vitória arrasadora, deu-se no dia 31 de dezembro de 1955.

Dois projetos anunciavam-se então: *Nunca fui santa* (*Bus Stop*), com Joshua Logan, cujos direitos a Fox adquirira para Marilyn, e *O príncipe encantado*, a ser dirigido e estrelado por Laurence Olivier.

Já era tempo de Marilyn dar o grande salto e arriscar-se a apresentar uma cena durante uma oficina do Actor's Studio. Escolheu o papel de Anna em uma cena de bar de *Anna Christie*, de Eugene O'Neill, conhecidíssima por já ter sido protagonizada por Greta Garbo. Conseguiu superar o pânico infernal e foi em frente. Seu desempenho foi felicitado e aplaudido, o que não era tradição do Studio. Mas Marilyn não estava contente consigo mesma, convencida de haver fracassado como muitos artistas que, quando apresentam uma obra ao público, não têm certeza de sua boa performance. Alguma coisa decepciona no exato instante em que o público dela se apodera. E o artista não enxerga seu trabalho, está fechado, fora de si. Só posteriormente, a partir da apropriação pelo público e da independência da obra, ele se reapropria de seu papel, de sua criação.

Apesar disso, sabemos que Strasberg mimava Marilyn e lhe dedicava um tempo e uma atenção que não concedia a ninguém mais, nem aos atores, nem aos filhos. Simultaneamente, para suportar essas experiências, Marilyn tomava soníferos e bebia champanhe.

9

O *angel* de *Nunca fui santa*, a busca da imagem

O contato com Joshua Logan para fazer *Nunca fui santa* deu-se com receio de ambas as partes, mas foi um encontro franco e útil. Milton Greene fez a intermediação. Logan era conhecido por ser idiossincrático e duro com os atores e Marilyn por ser frágil, fácil de se abater caso não fosse tratada com delicadeza e alguém a repreendesse pela insegurança e os atrasos. No dia do primeiro encontro, Marilyn não apareceu, e, terminado o jantar, Logan perdeu a paciência e pediu para vê-la. Fechada no quarto, ela não se sentia pronta. Greene obrigou-a a ir. Ela teve a elegância de dizer que, como Chérie, a cantora que devia encarnar no filme, não conseguia sair do camarim, vítima de pânico. Logan apreciou a tirada "artística". Em seguida, apresentaram a Marilyn os figurinos de cena, como sempre extravagantes, vulgares, todos com lantejoulas. Chérie era supostamente uma modesta cantora de uma cidadezinha do Arizona. Contam que Marilyn então fingiu aceitar os figurinos, que detestara, para testar Logan, que, uma vez a sós com ela, perguntou-lhe sua opinião. Ela disse que não correspondiam em nada à personalidade de Chérie. Logan compreendeu que ela tinha razão. Procuraram juntos nos guarda-roupas do estúdio figurinos suficientemente pobres para retocarem e adaptarem aos personagens de *Nunca fui santa*. Para esse primeiro filme de Marilyn com selo Strasberg, seu mestre tinha de estar presente, ainda mais que Logan também vinha do Actor's Studio. Porém, Lee Strasberg não podia se deslocar pessoalmente pelo Arizona ou Nevada. Conseguiu então impor a presença da esposa, Paula. Logan, por sua vez, não queria de forma alguma que aquela mulher interferisse nas filmagens e negociou com Marilyn para que suas conversas com Paula Strasberg fossem estritamente privadas (em seu camarim ou no dela), nunca no set. Parece que esse contrato limitou-se a apenas uma frase.

Chérie é cantora de um cabaré decadente, o Blue Dragon Café. Seu sonho é conhecer Hollywood. Traçou em um mapa uma linha reta em direção ao Pacífico, avançando do seu local de nascimento para oeste, etapa por etapa, o trajeto de seu destino. Tem um objetivo na vida: fazer papéis de verdade, que ela poderá escolher. Um jovem caubói — papel de Don Murray — que nunca saiu de seu rancho vai até Phoenix para o rodeio anual. Jamais conhecera uma mulher, e aquilo o transtorna. Diz que não quer uma mulher comum, e sim um "anjo", *an angel*, que ele agarrará como se agarram as vacas, no laço! O "anjo" só terá de se submeter! No bar, ele vê Chérie, luminosa: achou. É ela o "anjo". Pronuncia Chérie como *cherry* (cereja!), o que irrita a moça, que insiste em uma pronúncia à francesa e quer um dia ser uma grande atriz. Ele se chama Beauregard (Belo olhar), lisonjeiro nome francês recebido da mãe. Isso os aproxima. Seu apelido é simplesmente Bo. Mas ele quer agarrá-la como se agarra um animal, e a rapta! Ela consegue fugir.

Milton Greene tivera a excelente idéia de mandar fazer uma maquiagem de palhaço em Marilyn. Seu rosto esbranquiçado dava-lhe um aspecto irreal. Dizem que no jogo de aproximação no set, Murray tratava Chérie com muita delicadeza, o que provocou uma reação violenta por parte de Marilyn durante as filmagens, como para lhe indicar que o assédio devia ser brutal e humilhante a fim de desencadear uma reação indignada. Ele queixou-se de que Marilyn o atingira no olho. Seguiu-se todo um conciliábulo durante o qual Logan, tomando o partido de Murray, pediu que Marilyn se desculpasse. Ela aceitou, depois recusou, afirmando que Bo tinha de ser nitidamente brutal, a história assim o exigia. Em sua representação, ela devia reagir energicamente a uma violência de que era vítima. Finalmente, Logan compreendeu que ela captara bem a personagem. Essa cena é mais que exemplar das questões agudas que cercavam as filmagens. Marilyn concordava com a versão pobre e miserável de Chérie, mas temia perder o brilho aos olhos do público. Parece que Murray não se sentia especialmente atraído por ela, o que talvez a envergonhasse. Como ele devia representar um namorado apaixonado, ela tinha medo de que o público percebesse que não era nada daquilo. Além disso, Murray não tinha inclinações machistas, sendo pessoalmente um homem elegante e refinado, e não se sentia bem desempenhando papéis de homens brutos. Durante essas discussões de atores, Marilyn sentia-se isolada e incompreendida.

Nesse ínterim, Arthur Miller instalara-se em uma cabana no Nevada, não longe de Reno, a fim de simular uma verdadeira residência e, assim, poder divorciar-se rapidamente. Sua mulher, Mary, quando soube do caso com Marilyn, expulsara o marido. Assim, durante as filmagens de *Nunca fui santa*, os amantes encontravam-se aqui ou ali nos fins de semana. Para se comunicar com Miller, Marilyn mandava-lhe dizer por intermédio de um camponês que ele devia estar em tal hora em uma cabine telefônica não longe de sua cabana. Enfim, na noite da discussão com Murray, Marilyn ligou imediatamente para falar com ele e se reconfortar. Estava desesperada por se sentir tão isolada, mas também com a dureza de sua profissão. Miller conta que ela dizia: "Não quero mais isso, quero viver em paz, detesto isso, quero viver tranqüilamente no campo e ali permanecer para quando você precisar de mim. Não quero mais lutar por mim mesma."[27] Miller, consternado, escreve:

> ... esse novo terror que eu percebia nela, uma criatura abandonada gritando para um céu surdo, e eu sufocava de impotência diante daqueles quilômetros de deserto que nos separavam. ... Sua voz tornava-se cada vez mais fraca. Eu estava em vias de perdê-la, ela escapava para longe de mim ... "Oh! Daddy, não agüento mais...", depois subitamente percebi que eu estava sem respiração, que uma vertigem tomava conta da minha cabeça, que meus joelhos falseavam, e me senti desabando, o telefone me escapulia das mãos dentro da cabine. Voltei a mim ao cabo de alguns segundos, provavelmente com o murmúrio de sua voz que continuava a sair do aparelho em cima da minha cabeça. Acabei me levantando e conseguindo conversar sensatamente com ela, e tudo terminou.[28]

Imaginemos uma cabine telefônica instalada no deserto, única luz em plena escuridão. Aquele homem alto, magro, arrebatado pela voz desesperada daquela que vai se tornar sua mulher, mergulha num aturdimento quase imperceptível. Ela não se dá conta do que aconteceu. Ele desabou, como que derretido pelo amor dela; ela está prestes a se perder, a se esvair pelo esforço vital que a busca da imagem impõe. Ele precisava sempre e sucessivamente buscar renascer das cinzas, da vertigem, do deserto. E naquele dia a tentativa de aparecer de Marilyn não fora bem acolhida. Havia sido ofuscada pelos egos dos atores. Fora deixada sozinha em seu abismo. Evidentemente, foi na direção do amor que procurou se confortar. Com a voz, envolveu seu amado na síncope da impossibilidade de se tornar imagem.

Durante a fase de exílio forçado em Nevada, Miller conheceu uns sujeitos extravagantes, mais caubóis que nos filmes, que se sentiam culpados por terem abandonado mulher e filhos e que, graças ao álcool, criavam um ambiente de energia e comunidade fraternal entre marginais. Dois deles haviam arranjado uma cabana para morar, de onde saíam para caçar e capturar cavalos selvagens, mustangues, e revendê-los para comerciantes que deles tiravam a carne para dar aos cães. Aproveitou o assunto no roteiro de um filme, *Os desajustados* (*The Misfits*).

Voltemos às filmagens de *Nunca fui santa*. É sabido que Marilyn não costumava dizer textos longos sem engasgar. Logan observara que assim que dizia "Corta", ela parava na hora. Todas essas interrupções geravam uma grande dificuldade para que ela retornasse à personagem. Em suma, quando Marilyn se lançava no espaço da representação, não era bom interrompê-la, caso contrário ela precisaria de muito tempo e trabalho para retornar a ele. Logan, tendo compreendido isto, não interrompeu uma vez a tomada da longa cena em que ela está dentro do ônibus e conta seus sonhos de amor a outra moça. Assim, segundo as palavras do diretor, Marilyn fora "excelente". Chérie quer escapar do inferno da captura forçada por parte de Bo, que a fizera pegar o ônibus e ir para Chez Grace, em Sun Valley, bar e parada obrigatória dos ônibus que atravessam o deserto. Lá chegando, ela exige desculpas de Bo. Ele recusa. O motorista então o provoca, e os dois brigam. Bo é derrotado e promete abandonar sua presa e desculpar-se. Não faz nada disso. Porém, quando vai partir sozinho para o seu rancho natal, os outros passageiros exigem que peça perdão à bela Chérie, como ele prometera. Quando consente em falar, o faz tão acanhadamente que se humaniza, e Chérie apaixona-se no exato instante em que ele a abandona, desta vez respeitosamente. Finalmente, no momento das despedidas na porta do ônibus, ele põe nos ombros dela seu casaco de lã e, rasgo teatral, partem juntos para se casarem. *Happy end*.

Em Sun Valley, Marilyn pegou um resfriado e foi hospitalizada com bronquite agravada por esgotamento. Isso nos indica a que ponto o trabalho de atriz a desgastava. Ela buscava distante, dentro de si, a luminosidade de seu brilho, mantendo-se sobre uma corda bamba estendida sobre o abismo. Era a esse ponto de tensão que Strasberg e a psicanálise a levavam.

É verdade que, em *Nunca fui santa*, Marilyn mostra-se simples e pouco sofisticada, colando-se com delicadeza na personalidade de Chérie. Além de defender uma posição de atriz que reivindica para si a tarefa de conceber uma idéia própria do personagem, é uma virtuose em sua singularidade. Como Chérie, interroga-se sobre o amor e até mesmo sobre o que há de sinceramente representado não apenas no amor, mas no amor puro. E faz isso com toda a luminosidade, toda a delicadeza, todo o lado vaporoso, sedoso, *angel*, do que ela própria era.

10

Os abalos da experiência inglesa: *O príncipe encantado*

Agora que *Nunca fui santa* anunciava-se como um grande sucesso, e que os direitos de *O príncipe encantado* pertenciam à Marilyn Monroe Productions, Marilyn e Milton Greene deviam realizar o filme independente com que tanto haviam sonhado. Laurence Olivier seria o diretor e o protagonista, o Príncipe, e Marilyn, a dançarina norte-americana que seduz o Príncipe durante uma turnê por Londres. Em parte co-produzido pela Warner, o filme devia ser rodado em Londres a partir do início do verão. Laurence Olivier ficou encantado com Marilyn, que parecia admirá-lo bastante; ele estava entusiasmado com a perspectiva desse projeto, que certamente lhe renderia muito, considerando a imensa notoriedade de Marilyn na época.

Enquanto Miller encerrava a moradia forçada em Nevada, seu advogado comunicou-lhe que a Comissão de Atividades Antiamericanas havia enviado alguém a Reno para convocá-lo. O divórcio fora escolhido como momento oportuno para fazer o dramaturgo depor em meio a grande estardalhaço. Ele precisava de um passaporte para viajar à Inglaterra ao lado de Marilyn, e para isso estava disposto a responder às perguntas sobre suas opiniões políticas. Único ponto em que não cederia: não entregaria nenhum nome de escritor presente às reuniões comunistas em 1947.

Esse período de 1956 foi complexo e conturbado, uma vez que Arthur Miller, além de se arriscar à prisão caso condenado, precisaria pagar os advogados após um divórcio que já lhe custara muito dinheiro (pensões alimentícias para mulher e filhos). Embora na época quisesse se casar com Marilyn, as más-línguas diziam que tinha interesses financeiros e publicitários, já que sua reputação estava em queda.

Quando os responsáveis pela Fox souberam do projeto de casamento entre sua estrela número um e o dramaturgo acusado de ultraje ao Congresso por se recusar a colaborar com a Comissão de Atividades Antiamericanas, tiveram medo de que a reputação da estrela ficasse gravemente manchada e seus filmes fossem boicotados. *Nunca fui santa* mal estava pronto e já corria o risco de não fazer o sucesso esperado para o primeiro filme da "nova Marilyn Monroe", depois do triunfo de *O pecado mora ao lado*. Spyros Skouras, presidente da Fox, pediu para ser recebido pelo casal a fim de os dissuadir do casamento, a menos que "sua querida" Marilyn se desvinculasse oficialmente das atividades políticas do futuro marido. O deslocamento em pessoa do presidente era um fato excepcional. Ele tentou sem sucesso convencer Marilyn, mostrando o que ela tinha a perder. Ao mesmo tempo, queria que Arthur Miller entendesse que estragaria a carreira cinematográfica de sua futura mulher, que tanto lutara para obter aquele contrato com o estúdio. A visita não teve outro efeito senão mostrar ao casal que o estúdio estava em dificuldades.

Miller foi sozinho com seus advogados à convocação em Washington. Um bando de jornalistas se atirou sobre ele esperando vislumbrar a bela Marilyn. Ele não foi brilhante nem eficiente em suas respostas, perdeu-se em considerações detalhistas e tentou mostrar que perdera o interesse pela política, apontando como erros de juventude suas afinidades com os comunistas. Quase se desculpou por não ter tomado a defesa das vítimas da tirania comunista. Conseguiu, porém, não entregar nomes. Miller rebaixara-se publicamente. Na saída da sessão, os jornalistas obtiveram dele o anúncio de que se casaria com Marilyn Monroe "daqui a um ou dois dias". A notícia logo se espalhou. Assim Marilyn soube de Nova York, pela imprensa, que Miller ia se casar com ela, e ficou louca de alegria. Foi ela a assediada pela imprensa popular mais anticomunista, decidida a arrasar com Miller, se possível, e, em todo caso, conseguir um furo. Marilyn fazia rodeios. Foi então que teve a idéia, para salvar a situação, de dizer que o presidente da Fox, Skouras, lhes sugerira que a cerimônia fosse na casa dele. Assim, dava a entender que o estúdio apoiava seu projeto de casamento e, indiretamente, apoiava Arthur Miller. Tinha certeza de que Skouras não a desmentiria.

No dia seguinte, os jornais não foram favoráveis a Miller, "falador, pomposo, amigo dos vermelhos, egocêntrico". As únicas considerações amáveis diziam respeito a seu projeto de se casar com a bela estrela.

O casal apaixonado teve então de dar uma coletiva improvisada na calçada da casa de Marilyn. Adorável e discreta, ela grudou no noivo e declarou: "Nunca fui tão feliz em minha vida." Miller não conseguia mais reagir ao contato do corpo de Marilyn, mas compreendeu que convinha dar imagem à imagem. Marilyn fechou os olhos, Miller enfiou o nariz em seus cabelos cacheados. Marilyn sabia que era pelo gesto do amor mais puro, mais intenso e mais visivelmente sincero que angariava a adesão e até mesmo o amor do público. Nisso residia sua grande arte.

Miller corria o risco de ser condenado por se ter recusado a entregar nomes, e não obteria o passaporte. A cartada do casamento devia ser jogada com precaução. Os jornalistas fizeram cerco dia e noite à casa de Marilyn, em Manhattan, e o casal foi obrigado a fugir discretamente para o campo, para o condado de Lichtfield, onde se juntou à família Miller. Claro que os jornalistas descobriram seus rastros e se dirigiram para lá. Durante uma perseguição, um carro sofreu um acidente grave e um jornalista morreu. Marilyn ficou transtornada. Para encerrar o assédio da imprensa, Miller decidiu que o casamento seria naquele mesmo dia. Em 30 de junho de 1956, às 19h21, o juiz do condado os casou. A cerimônia religiosa foi realizada no domingo, 1º de julho. Marilyn teve um momento de hesitação diante do compromisso sagrado, para o qual se convertera ao judaísmo. Usava um vestido de musselina de seda bege e um véu de gaze. Strasberg acompanhou-a. Bebeu-se champanhe e Marilyn não parou de se aconchegar ao marido.

Assim que o casamento foi formalizado, começaram as negociações para o filme *O príncipe encantado*. Strasberg exigiu que Milton Greene aceitasse sua mulher Paula no set, por uma soma importante. Quase ameaçador, achava que Marilyn seria incapaz de filmar se Paula não a ajudasse, e aproveitou para falar mal de Laurence Olivier.

Por sua vez, o advogado de Miller conseguiu negociar com a Comissão um passaporte para a Inglaterra sob a condição de que ele se comprometesse a voltar se acusado de ultraje. O importante era partir antes da votação. Viajaram em 10 de julho; a votação estava prevista para dali a três dias. Os advogados imaginaram que se Skouras apoiasse Miller talvez ele não fosse condenado. Mas Skouras se calou. Estaria abandonando Marilyn ou querendo ver se o público lhe era fiel mesmo nesse contexto?

Como todas as filmagens, a de *O príncipe encantado* foi um terrível psicodrama. É preciso ver o filme terminado para esquecer o imbróglio que o originou. Correra a notícia de que Vivien Leigh, esposa de Laurence Olivier, tinha um amante. Ela notara como seu marido ficara deslumbrado ao conhecer Marilyn. Estava no princípio da gravidez quando o novo casal Miller desembarcou em Londres, e quis anunciar o fato à imprensa no dia em que a estrela norte-americana pusesse o pé em solo britânico. A notícia mudou drasticamente o clima do encontro entre os dois atores. Entretanto, a acolhida popular de Marilyn foi digna de um chefe de Estado, de modo que o casal Olivier, cercado por duzentos jornalistas e fotógrafos frenéticos, esperava a estrela no aeroporto. Todas as vezes em que apareceu em público na Inglaterra, ela foi submergida por uma multidão de admiradores; era preciso chamar a polícia e fechar o quarteirão.

O escritor Terence Rattigan ofereceu um baile em homenagem a Marilyn em Little Court, em 24 de julho. A imprensa dava grande atenção à estrela. Logo depois Miller recebeu a notícia de que fora acusado de ultraje ao Congresso; a investigação, portanto, devia continuar.

No set instalou-se rapidamente uma forte tensão entre Laurence Olivier e Marilyn. O ator não suportava nem aqueles atrasos nem a presença de Paula Strasberg. Teve, parece, o desplante de dizer a Marilyn: "A única coisa importante é você ser sexy!" Ela ficou tão irritada com aquela observação que telefonou para Lee Strasberg em Nova York a fim de descarregar sua raiva e falar de seu abatimento. As visitas regulares de Arthur ao set davam-lhe coragem. Sentia-se porém desestabilizada pela arrogância de Olivier e, para enfrentá-lo, tomava soníferos e excitantes fornecidos por Milton Greene.

Vivian Leigh também quis jogar sua cartada pública dando uma grande festa. Na saída, porém, sofreu um aborto, já com cerca de cinco meses de gravidez. Esse acontecimento certamente teve repercussões sobre o casal Olivier.

Outra infelicidade dolorosa abalou a paz das filmagens. Marilyn surpreendeu, no diário íntimo de seu marido, frases que demonstravam dúvidas a seu respeito. Miller, o grande apaixonado, interrogava-se sobre seu casamento, algo como: "Marilyn está me devorando." (Na peça que Miller escreveu após se separarem, *Depois da queda*[29], a heroína Maggie descobre por acaso esta frase escrita pelo marido: "A única criatura que amei foi minha filha", início de sua tragédia. "Foi isso que me matou", dirá Maggie.) Marilyn ficou profundamente afetada, e seu estado de nervosismo só fez piorar. Ainda mais que, ao mesmo tempo, Miller queixava-se dela a Laurence, que já não lhe poupava críticas. Ela então exagerou nos barbitúricos. Em 24 de agosto, Miller comunicou que voltaria aos Estados Unidos para "ver os filhos". Marilyn recebeu muito mal a notícia. Apesar disso, ele partiu. No dia seguinte, Marilyn anunciou que estava grávida. Seis dias depois Miller estava de volta, mas Marilyn tivera um aborto! Embora muito abalada, encontrou as forças necessárias para apoiar publicamente o marido contra a censura que ameaçava sua peça *O panorama visto da ponte* (um beijo entre homens era tachado de homossexualidade). À parte toda aquela confusão, quando era preciso vencer uma dificuldade ela encontrava dentro de si a inspiração específica para a circunstância. Fez um trabalho notável, calorosamente recebido pelos jornalistas. Com isso, conseguiu grande publicidade para a peça do marido. Laurence Olivier questionava-se por que ela tinha tanta dificuldade em atuar a seu lado, já que parecia tão criativa quando se tratava de apoiar publicamente o marido. Ignorava que, quando inventava sua imagem em contato direto com o público, Marilyn sempre se saía bem. Em um vestido colante de cetim vermelho, sem alça, descendo a escada com extrema lentidão, salvou todas as situações, a da peça e a dos boatos denegridores que corriam sobre a filmagem. De mãos dadas, os Miller saudaram aquela chuva de aplausos. Como sempre, as más-línguas disseram que os aplausos eram mais para o decote de Marilyn que para a peça de Miller, mas a estrela lidava com isso muito bem. Aplaudia-se o desempenho da atriz, dessa vez como esposa.

No início de outubro, Strasberg foi a Londres e pediu para estar presente no set de filmagem. Laurence Olivier exigiu de Milton Greene que o mandasse embora. Strasberg foi obrigado a retornar aos Estados Unidos com a mulher. Chegou então a vez de a psicanalista de Marilyn visitar sua paciente em Londres e declarar não saber "quanto tempo os sócios (seus dois pacientes) conseguiriam trabalhar em atmosfera tão tensa". Aconselhou Marilyn a consultar Anna Freud. Dizem que os encontros com a filha de Freud, além de produzirem uma melhora nas relações de Marilyn com Olivier, impuseram o retorno de Paula Strasberg.

Em 29 de outubro, Marilyn, com um decote arrasador, foi apresentada à rainha ao lado de vinte outras estrelas de cinema. Sua Majestade deteve-se longamente à sua frente. A imprensa não poupava elogios àquela mulher "maravilhosa, delicada, maliciosa, diplomata, bem-humorada, esfuziante ... tão inteligente quanto agradável e bonita".

O filme foi realizado. Apesar dessa avalanche de contratempos, Marilyn pedia para assistir aos copiões todas as noites e emitia observações pertinentes. Ninguém entendia nem suportava seus atrasos, que pareciam contraditórios com o fato de ser extremamente profissional no set de filmagem, fácil de lidar e excelente para fotografar. O orçamento foi inferior às previsões e houve apenas dois dias de atraso. Com medo de um fracasso, mudou-se o título original do filme para *The Prince and the Showgirl*. Milton Greene fez um cartaz com uma foto glamourosa do casal protagonista: o príncipe e a dançarina.

O enredo do filme não é muito elaborado. Trata-se de um regente que vai assistir à coroação de Jorge V, futuro rei da Inglaterra, e se apaixona por uma dançarina. Pelo jogo das *gags*, a dançarina desenreda um complô do filho contra o pai, e, com seu humor e sua generosidade revelados em diversos qüiproquós, reconcilia o pai horrorizado com o filho desconfiado e carente. O príncipe, à sua revelia, apaixona-se pela dançarina. Uma pergunta permanece em suspenso: irão se reencontrar?

Marilyn desempenhou maravilhosamente o papel que havia superestimado antes da filmagem, criando uma gama de atitudes situadas entre a marotice, a inteligência cômica e a emoção. Sem ser um grande filme, não se pode dizer que seja ruim, e Marilyn mostra nele todo o seu talento.

Essa experiência inglesa demonstrou a seus protagonistas que eles haviam criado muitas ilusões quanto ao sonho que iriam viver. O filme foi realizado e, com ele, surgiu um monte de desilusões. As máscaras caíram. Quatro meses sob o signo do aborto! Uma fecundidade anunciada que acabou por se frustrar! Nesse episódio doloroso, como na maioria de suas experiências, Marilyn demonstrou que, mesmo em dificuldades, arrastando todo o seu séqüito no turbilhão da tortura (tratava-se de uma tortura íntima, inerente à sua invenção) e fazendo o mundo tremer à sua volta, ela conseguia superar o obstáculo e obter a adesão do público.

Vale ressaltar que Marilyn nunca falava mal de ninguém, ao contrário de seus pares, que precisaram de muito tempo para se recuperar das provações vividas com ela e perceber que os transtornos provocados pela estrela representavam muita agitação e nervosismo por pouca coisa. No conjunto, reconheciam *a posteriori* que a experiência fora preciosa, eficaz e positiva, sem esquecer que era bastante lucrativa.

A fim de descansar de todos esses problemas, Marilyn sugeriu a Miller que passassem o fim do ano em um lugar ensolarado. Partiram para o litoral norte da Jamaica.

11

Quanto mais quente melhor, uma performance

O ano de 1957 anunciava-se tranqüilo, longe das filmagens e das confusões. Marilyn ansiava por uma vida conjugal discreta e retirada, sonhara tanto com isso! O casal alugou um apartamento em Manhattan, 444 East rua 57. Marilyn decorou-o todo de branco: sofá branco, piano meia-cauda branco, móveis brancos... Arthur Miller estava muito ocupado escrevendo e esperando os resultados da Comissão. Desde o clima deplorável de Londres, as relações entre Marilyn e seu sócio Milton Greene degradaram-se rapidamente. Miller convenceu Marilyn de que Milton não defendia os interesses da empresa e que manipulava a caixa. Nesse ambiente, de que não conhecemos todas as facetas, Marilyn começou a duvidar de seu tratamento psicanalítico e resolveu trocar de analista.

Foi Marianne Kris, instalada no mesmo prédio dos Strasberg, a escolhida, recomendada, dizem, pela própria Anna Freud. Assim Marilyn passava todos os dias de um andar para o outro do 135 Central Park West, incansável trabalhadora, tentando sempre refletir sobre si mesma, melhorar, mudar. Miller detestava a influência considerável que Lee Strasberg exercia sobre ela. Não depositava nenhuma confiança nele, decerto achando que não era tão competente quanto apregoava. Muitos partilhavam sua opinião. Para Marilyn, Strasberg era o mestre incontestável. Miller, tendo feito análise com Rudolf Loewenstein, por ele julgada positiva, não criticava as sessões de análise de Marilyn. Os amigos dizem que ela estava muito emotiva, que passava da calma à cólera, da alegria às lágrimas. Strasberg gostava e via nisso bons sinais para o aperfeiçoamento da atriz, só que Marilyn bebia e engordava cada vez mais.

Quando ela assistiu a uma cópia de *O príncipe encantado*, achou a montagem lenta demais e pediu que o ritmo e a música fossem revistos. Seria para responsabilizar indiretamente seu sócio?[30] Marilyn não se contentava em ser uma atriz, dirigia também sua produtora. Finalmente, em 11 de abril de 1957, Milton Greene foi demitido da empresa MMP, bem como o advogado e o contador, imediatamente substituídos por conhecidos de Miller.

Greene, mesmo aborrecido com a situação, nunca falou mal de Marilyn e sempre a apoiou. Mandou dizer que achava sua demissão injusta, considerando seus esforços e a dedicação àquela empresa totalmente a serviço da estrela. Marilyn teria dito à mulher de Greene: "Arthur está me tirando a única pessoa em quem eu confiava."[31] Miller certamente não ignorava que Milton Greene e Marilyn haviam sido muito íntimos e muito cúmplices. Haviam sempre preservado um espaço secreto e erótico particular. Outros depoimentos mais diretos afirmam que Marilyn teria se queixado violentamente de Greene por lhe ter recomendado uma psicanalista que trabalhava para ele e contra ela![32] Nunca mais voltaram a se ver, e as questões jurídicas foram tratadas pelos advogados.

Em maio, Marilyn foi com o marido a Washington para acompanhá-lo na audiência perante o Congresso, apenas para apoiá-lo. Respondeu graciosamente aos jornalistas. Arthur, porém, foi considerado culpado de ultraje por falta de colaboração, não tendo apontado nenhum nome. Foi obrigado a recorrer.

Em julho, Marilyn engravidou. Estava absolutamente fascinada. Miller conta que finalmente ela encontrara "uma confiança nova, uma tranqüilidade de espírito que ninguém conhecia nela". Haviam encomendado um suntuoso projeto de reforma da casa a Frank Lloyd Wright, um imóvel comprado por Arthur com o dinheiro de Marilyn. Esse projeto, exorbitante, nunca viria a ser realizado. No mês seguinte, Marilyn sentiu dores terríveis, e verificou-se que a gravidez era extra-uterina. Hospitalizada com urgência, perdeu a criança.

O conto "Os desajustados" foi publicado na revista *Esquire*. O fotógrafo Sam Shaw, que lera e gostara muito, sugeriu que Miller fizesse um filme a partir dele.

No Natal de 1957, Marilyn foi espantosamente pródiga em presentes para seus amigos. Deu o colar de pérolas que lhe fora oferecido pelo imperador do Japão a Paula Strasberg, um desenho de Chagall a Susan Strasberg e seu próprio carro, um Thunderbird preto conversível, a John Strasberg, que acabara de completar dezoito anos. Era como se distribuísse seus bens.

Marilyn fazia tudo para ser uma boa esposa e se apagar diante do trabalho de Arthur. A gravidez extra-uterina certamente a afetara, bebia muito. Volta e meia dizia: "Não vou dormir muito de novo esta noite!" Engordava e parecia sonhadora, um pouco alheia. Caiu na escada e machucou o tornozelo. Os Miller começaram a passar por dificuldades financeiras.

Os agentes de Marilyn lhe sugeriram então que desse atenção às propostas de Hollywood. Depois do verão, a Fox a convidara para contracenar com Spencer Tracy em uma nova versão de *O anjo azul* (*Der blaue Engel*), que já dera fama a Marlene Dietrich. Marilyn não recusou, mas mudou de assunto. Tracy colocara como condição que seu nome estivesse acima do de Marilyn no cartaz e nos créditos. Antes de assinar, num gesto teatral, os advogados nova-iorquinos do ator declararam uma dívida da Fox, que não permitira que Spencer Tracy filmasse durante o ano de 1957, devendo-lhe mais de cem mil dólares pelo filme não realizado. Marilyn, segundo contrato assinado em 1955, devia apenas dois filmes à Fox. Além disso, a companhia, interessada no roteiro de Arthur Miller de *Os desajustados*, não estava disposta a comprar os direitos enquanto a situação legal do dramaturgo não estivesse regularizada. Outros projetos haviam sido examinados por seus agentes, pois a estrela negava-se a fazer papéis de loura sexy. Marilyn contemporizava, esperando a oportunidade de atuar em *Os desajustados*, de Arthur, quando Billy Wilder enviou-lhe uma sinopse de duas páginas de um filme que estava escrevendo a partir de uma velha farsa alemã, já rodada em 1932, *As fanfarras do amor*. Propôs-lhe o papel de Sugar Kane, uma bela cantora que toca ukelelê em uma orquestra feminina na qual se insinuam dois músicos travestidos de mulher que, como homens, vão desejá-la e rivalizar entre si para obter seus favores, usando e abusando de seus disfarces. Marilyn achou essa proposta ridícula — mais uma vez interpretaria uma loura estonteante e estúpida. Pressionada por Arthur, que precisava de dinheiro, concordou em fazer o filme, que se intitulava *Quanto mais quente melhor* (*Some Like it Hot*). Wilder queria que fosse filmado em preto-e-branco para que a maquiagem dos homens não ficasse muito visível. Marilyn não estava convencida.

A história se passa em plena Lei Seca, no contexto do que ficou conhecido como "o massacre de São Valentim". Um xerife, sub-repticiamente, introduz-se no cabaré, decorado sombriamente para funerais fictícios, saboreia o que deveria ser um café, mas está frio! É uísque! Assim desencadeia-se a matança assistida por acaso por dois músicos (papéis de Tony Curtis e Jack Lemmon), que, para escapar aos malfeitores à procura dessas testemunhas incômodas, disfarçam-se de mulher e partem em turnê pela Flórida com uma orquestra de jazz exclusivamente feminina.

Marilyn não sabia como ia conseguir fingir não reconhecer rapazes travestidos de moças. Dizem que Strasberg lembrou-lhe então que ela sempre se queixava de que, pelo fato de ser atraente, as mulheres desconfiavam dela. E ela sempre sonhava ter amigas. A bela Sugar deveria ficar contente por se tornar colega das duas "novatas" na orquestra, cujo jogo consiste em cativar a adorável moça porque, como rapazes, estão seduzidos pelo seu encanto. Tratava-se então de criar uma cumplicidade "serena" entre as três. É visível no filme a que ponto essa "serenidade" é falsa.

No início de julho de 1958, Marilyn desembarcou em Los Angeles acompanhada de sua secretária e de Paula Strasberg. O produtor ofereceu um jantar de gala para anunciar o retorno da estrela a Hollywood, onde era aguardada com entusiasmo. Deslumbrante em um vestido de seda branca, chegou no fim da noite, quando a imprensa estava no auge da excitação. Pouco antes do início das filmagens, o tribunal de recursos anulou o julgamento que condenava Arthur Miller. Ele estava livre.

Ao contrário dos outros atores, capazes de brincar durante as pausas e se concentrar rapidamente, Marilyn precisava de silêncio, tempo, discrição e de Paula de modo a se preparar para a tomada seguinte. Wilder compreendera que ela não conseguia ficar sem sua *coach*. Desaprovava o método de ensino do Actor's Studio, achando que Marilyn descobrira por si só um personagem único inventado por ela, e que o melhor a fazer era se agarrar a ele. Mas como ela fora infectada pelo vírus inoculado pelos Strasberg, Wilder assentia. Para neutralizar um pouco o isolamento que Paula produzia em torno de Marilyn, Wilder resolveu pedir sua opinião sobre as tomadas, desanuviando assim o eterno conflito entre a *coach* da atriz e o diretor. A partir daí não teve mais problemas com ela.

Entretanto, continuava a haver discordância sobre a personalidade de Sugar. Marilyn não queria caricaturá-la, ao passo que Wilder pedia-lhe que enfatizasse os traços de extravagância, espanto, medo, surpresa e vergonha de uma menininha travessa. Marilyn tendia a suavizar a personagem. Não raro exigia que as cenas fossem refeitas, e atuava segundo sua vontade. Defendia a idéia que tinha da personagem. Era muito irregular, às vezes pontualíssima, perfeita já na primeira tomada. Em outros momentos, podia estar muito atrasada, fazer esperar, esquecer o texto, tropeçar, o que exigia uma série de tomadas. Totalmente imprevisível, era muito mais freqüentemente genial que bloqueada, mas, quando tropeçava, não havia nada a fazer: caía. Foi ela quem teve a idéia do jato de vapor que lhe confere uma amplitude sublime enquanto progride sensualmente na plataforma da estação. Wilder adorou a sugestão. Outras vezes, porém, ela simplesmente se anulava. Arthur Miller fazia-se de intermediário, e o comentário era de que se travava uma luta renhida nos bastidores. Em setembro, ela escreveu uma carta pedindo socorro a seus amigos Rosten: "Tenho a sensação de que o navio nunca chegará ao porto. Atravessamos destroços perigosos, e é realmente duro..." Em um PS, acrescenta, quase desesperada: "Me amem nem que seja pelos meus cabelos louros!" Suas mãos tremiam enquanto escrevia.

Um dia, Paula Strasberg encontrou-a inanimada em meio a vômito. Tinha exagerado nos soníferos, foi hospitalizada e passou por uma lavagem estomacal. Miller foi até o set. Anunciaram uma gravidez, Marilyn quis interromper as filmagens. Miller a dissuadiu. Seu ginecologista deslocou-se para cuidar dela. Dormia pouco, estava sempre atrasadíssima. Grávida, parara de tomar soníferos. Precisava de cerca de duas horas para se preparar e mais ainda para se sentir pronta a atuar; seu ritmo era infernal, a equipe não agüentava mais. Wilder continuava a conduzir as filmagens sob extrema tensão, e Marilyn não renunciava às suas convicções, ao seu tempo pessoal. Miller pedia que diminuíssem o ritmo.

Assim, apesar dessas dificuldades, o filme foi terminado em 6 de novembro de 1958, com vinte dias de atraso. Não convidaram Marilyn para a noite de despedida oferecida por Wilder à equipe. Foi hospitalizada no Cedars of Lebanon Hospital por esgotamento, medo de um aborto e/ou excesso de remédios. Marilyn foi de ambulância para o aeroporto a fim de não "balançar o bebê".

A amargura e o nervosismo das filmagens logo foram esquecidos graças à força da película. O filme estreou em dezembro de 1958, e a platéia riu do início ao fim. Enquanto isso Marilyn perdia seu bebê em Nova York. *Quanto mais quente melhor* foi um imenso sucesso e rendeu muito dinheiro para o estúdio. Por sua vez, a estrela, a grande vedete, está sozinha, perdendo mais uma vez o filho tão desejado, enquanto todos se divertem com seu trabalho.

Ela atribuiu o aborto a Arthur Miller, que a pressionara para fazer o filme, e a Billy Wilder, que fora rude com ela. Estava muito mal. Wilder declarou à imprensa com bom humor que filmar com Marilyn era uma prova física terrível, que lhe dava vontade de bater em sua mulher apenas pelo fato de ser mulher! Essas observações dizem muito sobre a repugnância que Marilyn suscitava em certos homens, obrigados a se submeter às suas exigências e ao seu estilo, que eram de ordem bem diversa das impostas pelo contrato, sendo antes, digamos, relativos à criação. Marilyn reagiu violentamente a essas declarações públicas desagradáveis e se apoiou em Miller, a quem pediu que não deixasse tais insultos passarem em branco.

Ao assistirmos a essa obra-prima extravagante e delicada — feita de ambigüidades e paródia sobre os gêneros masculino e feminino — e percebermos a leveza que dela emana, temos dificuldade em imaginar os terríveis sofrimentos que permearam o filme. Nele, Marilyn joga deliciosa e maliciosamente com todas as sutilezas do espaço entre o sexo e o gênero, se amplia e dá oportunidade aos parceiros, com as mímicas, a voz, a palidez, as curvas, a falsa ingenuidade.

No trem, quando Daphne (Lemmon) quer se convencer de que é uma mulher, repete "*I am a girl! I am a girl!*". Ela/ele não deve ter desejo viril pela doce Sugar, mas metamorfosear esse sentimento em amizade afetuosa entre moças. Uma verdadeira tortura! É hilariante. Não paramos de rir o filme inteiro em virtude das ambigüidades maliciosamente exploradas até a célebre exclamação final. A cena se dá quando uma das "moças", a noiva de um bilionário, ousa admitir que não é uma loura verdadeira.

— Não seja por isso!

E que não poderia lhe dar filhos!

— Nada grave, adotaremos!

Arrancando sua peruca, ela enfim confessa que não é uma moça: "Sou um homem!" O futuro marido exclama: "*Nobody is perfect!* (Ninguém é perfeito!)" Se sua mulher não for uma moça, mas um rapaz, ele a/o pegará assim mesmo, pois "ninguém é perfeito"! Algo o arrebatou, e rapaz ou moça servirá. Nenhum dos dois é plenamente uma moça, nem plenamente um rapaz. E agora? Não é preciso ser mulher para se tornar uma esposa! O que seria a perfeição? Que o sexo e o gênero coincidissem? Sim, mas apenas na aparência, uma vez que essa coincidência não existe! O segredo de Marilyn era saber disso. Parecia conhecer mais que qualquer um até que ponto o feminino (ou o masculino) era fabricado, como uma isca, uma mimetização, um engodo, uma performance. Segurou solitariamente essa performance durante todo o filme, e foi repelida pela equipe como uma chata. Ao passo que foi ela, ao não ceder e manter a tensão com relação a todos os outros da filmagem, que fez do filme uma obra-prima.

Claro, durante a turnê de promoção, Marilyn esteve encantadora e sorridente; foi um sucesso imediato. Intimamente, apesar das ovações, como sempre, não estava contente com sua atuação, nem com o papel que lhe haviam feito representar. Por sinal, o filme recebeu alguns Oscars, mas ela ficou de fora, o que a afetaria muito. Contudo, foi indicada para o Golden Award de "melhor atriz".

12

Caso tumultuado com Yves Montand, *Adorável pecadora*

Para não ficar mal com o estúdio, os advogados de Marilyn declararam oficialmente à Fox que ela estava "pronta, disposta e apta" a fazer outro filme.

Marilyn dividia-se entre Manhattan, com suas visitas à psicanalista, e a casa de campo em Connecticut, que ela adorava. Não sabemos por que ela interrompeu suas aulas com Strasberg. Talvez por causa da desaprovação de Arthur, que desejava desviá-la da influência do diretor do Actor's Studio.

A Fox tentou fazer com que Marilyn trabalhasse sob a direção de Kazan em *Time and Tide*. Mais uma vez, o diretor não a selecionou para o papel previsto. Ao mesmo tempo, os advogados de Marilyn não descansavam, exigindo indenizações referentes aos dois filmes para os quais ela fora convocada e por fim não selecionada (*O anjo azul* e *Time and Tide*). Em virtude desse fato, estava liberada de um dos três filmes que ainda devia à Fox.

Em junho de 1959, Marilyn sofreu uma intervenção cirúrgica no Lenox Hill Hospital a fim de aliviar sua endometriose, provavelmente responsável pelo fracasso de suas sucessivas gravidezes e pelas terríveis dores que sentia durante a menstruação.

Além disso, John Huston parecia concordar em dirigir *Os desajustados*, escrito por Miller, se ele consentisse em reescrevê-lo mais uma vez e reduzi-lo. Miller tinha muito apreço por esse roteiro. Queria finalmente oferecer a Marilyn um papel à sua altura, ético, e instalou-se no campo para terminar a reelaboração do texto.

Marilyn, sozinha em Manhattan, ingeriu de novo um excesso de barbitúricos. Em pânico, pediu socorro a seus amigos Rosten. Fizeram-lhe uma lavagem estomacal. A crer nos depoimentos de sua camareira Lena Pepitone, não é impossível que, nesse período, ela já visitasse clandestinamente John Fitzgerald Kennedy.

A Fox, ao saber que Marilyn sofrera uma intervenção cirúrgica na época em que se declarara "pronta e apta", ameaçou arrastá-la aos tribunais. A queda-de-braço era dura. Finalmente, em agosto de 1959, a empresa Fox concordou oficialmente com todas as condições de Marilyn, que lhe devia não mais que dois filmes.

Um projeto estava em andamento: tratava-se de um filme intitulado *Adorável pecadora* (*Let's Make Love*). George Cukor seria o diretor, e Gregory Peck o ator principal ao lado de Marilyn. Ela partiu sozinha para Los Angeles a fim de encontrar os produtores e comparecer a um almoço na Fox em homenagem a Nikita Kruchev, com Sinatra como mestre-de-cerimônias.

No fim do verão, Miller terminou de escrever seu roteiro, e a Fox estava em condições de fazer propostas fechadas a Marilyn. Huston confirmou que o roteiro de Miller era soberbo, só faltava planejar a programação. Além disso, Marilyn tentava obter o papel principal do filme *Bonequinha de luxo*, inspirado no romance de Truman Capote *Breakfast at Tiffany's*. O autor pensara em Marilyn ao escrever o roteiro. Eram muitas as possibilidades.

Strasberg fora recusado para a direção do Lincoln Center, cargo para o qual Kazan era cogitado. Após algumas hesitações e uma reconciliação secreta com Miller, Kazan aceitou.

Marilyn pedira ao grande coreógrafo Jack Cole para dirigi-la na dança cantada "My heart belongs to Daddy" em *Adorável pecadora*. Estava entusiasmada com o projeto, porém desconversava. Quando Cukor chegou a Nova York para encontrá-la, ela se queixou do roteiro que acabara de ler, ao passo que, ao mesmo tempo, aceitara atuar no filme. Exigiu que o enredo fosse trabalhado pelo marido. Este pôs mãos à obra por uma boa soma de dólares (15 mil) e sob a condição de que seu trabalho permanecesse em segredo. Estariam precisando de dinheiro? Pretendiam ganhar tempo até que fechassem contrato para a filmagem de *Os desajustados*?

Quando Miller terminou seu trabalho no roteiro, no qual buscou dar estofo ao papel de Marilyn, foi Gregory Peck quem desistiu, achando que seu papel fora minimizado. Muitos atores foram sondados, mas o projeto não agradou a nenhum. Miller pensou então em Yves Montand, que ele conhecia de Paris e Nova York. Mas seu inglês não era bom. Simone Signoret,[33] cujo inglês era melhor, comprometeu-se a ajudar o marido a preparar suas falas.

No que se refere a *Os desajustados*, Robert Mitchum foi sondado, mas declinou a oferta após ter lido o roteiro, que achou confuso e pouco interessante. Tentou-se então Clark Gable, que também não quis. Miller foi encarregado por Huston de convencer Gable a aceitar o papel de Gay no filme. Quando Miller teve a idéia de dizer que não era um *western* de verdade, mas um "*eastern western*", Gable aceitou.

Marilyn faltava muito aos ensaios para *Adorável pecadora*. Tomava remédios demais (Demerol, Amytal), tinha a voz pastosa, ganhara peso, não brilhava na tela.

Em contrapartida, para a imprensa, foi mais uma vez explosiva ao declarar que Montand era o homem mais sedutor que conhecia depois do marido e de Marlon Brando!

Uma simpática camaradagem teceu-se entre Montand e ela, ambos partilhando o pavor diante da câmera. Apoiavam-se mutuamente, e o clima das filmagens foi muito mais compreensivo, com Marilyn não se indispondo com ninguém. Signoret compreendera que Marilyn passava por um momento difícil, maltratada, ridicularizada. A presença afetuosa e inteligente do casal francês criou um novo tom, mais generoso, em torno dela.[34] Montand achava que Miller não conseguia compreender o pânico de sua esposa. Signoret ajudava o marido, fazendo-o repetir suas falas. Marilyn levantava-se todos os dias às cinco da manhã, pois precisava de três horas para se transformar em Marilyn. Fora do trabalho, nunca saía. Em quatro meses, Signoret notou que eles saíram apenas três vezes, o restante do tempo trabalhavam ou ficavam em casa.

Uma greve interrompeu as filmagens e os Miller voltaram a morar em Nova York. Na retomada, Marilyn só conseguia trabalhar meia jornada por dia. George Cukor agüentou com paciência. Todos se deram conta de que ela estava mal. A equipe atribuía seu estado ao relacionamento com o marido. Achavam que talvez não estivesse tão interessada quanto ele no projeto de *Os desajustados*, que tanto prezavam. Será que ela já entrara na relação complexa e perigosa com John Kennedy? Teria dificuldades com Paula Strasberg depois que se afastara de Lee? Marilyn dava sinais de sofrimento mais significativos que antes, sua equipe estava apreensiva.

A psicanalista Marianne Kris, sabendo que Marilyn sofria daquele pânico e abusava de remédios, enviou um amigo psicanalista para lhe oferecer seus serviços. Ralph Greenson apresentou-se no bangalô dos Miller no Beverly Hills Hotel. E, no início de janeiro de 1960, Marilyn viu-o todos os dias de sua estadia em Los Angeles.

Greenson, grande amigo de Anna Freud, era um dos fundadores do Instituto de Psicanálise de Los Angeles, ocupava o posto de chefe de serviço de psiquiatria no Lebanon Hospital e era professor de psicologia na Universidade da Califórnia. Era muito conhecido por seu ensino e apreciado pelos alunos, e atendia as estrelas de cinema. Fizera parte do grupo freudo-marxista dos médicos judeus emigrados da Califórnia.

Arthur foi para a Irlanda trabalhar com Huston. Um dia, Marilyn não saiu do quarto, sem avisar nem responder a ninguém, sequer a seus amigos Simone Signoret e Yves Montand. Este escreveu um bilhete e deslizou uma ponta do papel sob a porta da atriz. Dizia-lhe que não era seu inimigo, mas seu companheiro, e que ela poderia ter-lhe avisado de que faltaria às gravações, o que teria evitado que fosse inutilmente ao set de filmagem. Ele afirmava não se importar em nada com suas críticas aos patrões, e dizia que as "garotinhas mimadas" nunca o agradaram. Signoret conta que a mensagem foi puxada por inteiro para dentro, milímetro por milímetro, e eles ficaram aliviados. Mas ela continuava sem responder a seus chamados. Da Irlanda, Miller pediu a Montand que fizesse o favor de insistir. Marilyn acabou abrindo a porta e caiu nos braços de Simone, dizendo: "*I am bad! I am bad! I won't do it again, I promise.*" Sua queixa, na verdade, era que temia ser confundida com uma dançarina russa em função da iluminação vertical proposta para uma cena. Ela se mostrava aborrecida no set porque via que ninguém a levava a sério por isso.

Simone Signoret ficou muito amiga de Marilyn, e também se entendia bem com Miller. O que ela conta em sua autobiografia realça a solidão profissional da amiga:

> As únicas alegrias profissionais de Marilyn eram ter posado para Avedon em disfarces que a transformavam ora em Marlene, ora em Garbo, ora em Harlow. ... Com ela não existia aquela história de gargalhadas

> com os colegas, beijocas sonoras depois de uma cena em que se contracenou bem. ... Tudo isso lhe era estranho, eu me surpreendia. ... Ela me fazia contar minhas histórias pessoais de cumplicidades maravilhosas. ... É possível que ela tenha encontrado pela primeira vez essa cumplicidade filmando com Montand.

Essas declarações de Simone Signoret são muito interessantes, pois ela, que apoiava o marido e era apoiada por ele, conhecia os tormentos daquele pânico. Via realmente a que ponto Marilyn era diferente, mantendo-se solitária em seu espaço de criação, justamente fora de qualquer cumplicidade.

Signoret conta que Marilyn mandava vir de avião de San Diego, às suas custas, uma tingidora de cabelos, uma velha senhora que, trinta anos antes, tratara dos cabelos de Jean Harlow. A limusine ia pegá-la e ela desembarcava na cozinha para descolorar os cabelos das duas atrizes com água oxigenada, contando as histórias felizes e maravilhosas de Harlow, bem como sua agonia. "A velha senhora revivia ao falar do passado. Nós duas voltávamos ao passado, piscávamos quando a velha parava, emocionada demais." Para Marilyn, era louro-platinado, para Simone, louro-escuro. Marilyn tinha uma raiz de cabelo recalcitrante que a aborrecia. Para tratar essa raiz, a mulher interrompia seu relato, depois retomava, e sua voz as ninava. "Minha amiga acreditava nela. Amava-a e a respeitava. Pagava suas idas e vindas desde a fronteira mexicana, seus passeios de limusine, suas torradas com caviar." Havia recursos técnicos de descoloração muito mais modernos que os da água oxigenada de outrora. Mas Marilyn a chamava numa espécie de elo mágico com Jean Harlow, com quem partilhava o prenome e que havia sido seu ídolo de infância. Ao desembarcar com suas garrafinhas, a velha e gentil feiticeira devia exercer um papel importante nessa alquimia explosiva.

Durante uma visita de Montand na ausência de Miller, o beijo dos colegas de filmagem transformou-se em beijo erótico. Rapidamente instalou-se entre eles um caso amoroso que durou o tempo de ausência dos outros dois cônjuges. O pessoal do hotel não demorou a divulgar a novidade, que se espalhou em Hollywood. Montand parecia prezar seu casamento. Em contrapartida, corriam rumores de que Marilyn queria se servir daquele *affair* para tentar levar Montand ao divórcio e poder dispensar Miller. As filmagens atrasaram. Montand teria dito que se naquela ocasião Simone o tivesse rejeitado, ele certamente teria iniciado um relacionamento de verdade com Marilyn. Mas Simone Signoret fingiu levar tudo com altivez e dignidade, todavia sem ignorar os fatos, e Montand não perdeu a mulher. Entretanto, esse caso incendiou a imprensa sensacionalista tanto na Europa como nos Estados Unidos, e Signoret não gostou daquela vulgaridade. Por sua vez, Miller agiu como se não tivesse visto nada e como se aquilo não o afetasse. Aparentemente só estava com uma idéia na cabeça: começar a filmagem de *Os desajustados*. Marilyn queria que ele acusasse o golpe, declarou que Montand a amava, que estava disposto a se divorciar de Signoret para ficar com ela. Miller retorquiu que aquilo era falso. Conta-se que Marilyn voltou a encontrar-se com Montand no aeroporto de Nova York e tentou mais uma vez fazê-lo ceder, sem sucesso. Paradoxo: Cukor teve enorme dificuldade para fazer um dia de pós-sincronização no meio de julho, pois Marilyn negava-se a estar com Montand.

O roteiro de *Adorável pecadora* é bem medíocre, na realidade machista, abusando de clichês esquerdistas: o rico francês é considerado idiota e mau por ser bilionário. A dançarina, jovem moderna e corajosa, tem aulas à noite. Cena dentro da cena, uma trupe teatral ironiza a época imitando as estrelas da canção: Callas, Elvis Presley, além de ridicularizar o rico bilionário francês Jean-Marc Clément.

Podemos perceber que esse filme efetua uma transição de época, com o surgimento de uma representação mais despojada, mais coreográfica, em direção à comédia musical que se desenvolverá nos anos 1960.

Entretanto, é preciso assistir a *Adorável pecadora* e apreciar o desempenho sensacional de Marilyn, sobretudo em "My heart belongs to Daddy", cena de uma força incrível. Esse *Daddy* (nome que ela usava para chamar seus maridos) é o proprietário de seu coração. Esse velho papaizinho querido a impede de namorar os rapazes que a cortejam.

My name is Lolita, And I am not supposed to play with boys. Moi? Uh! Uh! Mon cœur est à Papa. You know le propriétaire. No! Sei que vocês são bonitões e elegantes, mas não posso simplesmente ser má. *Cos' my heart belongs to Daddy. Da da da Ba dee Da ba dee Da Da da Dy... Da Da Da.* Ela fica de quatro e passa sob as pernas dos rapazes. *My little old Daddy. My heart belongs to my Daddy da da da.* Depois de atirar seu suéter para cima, que aterrissa no rosto fascinado de um Montand pasmo, ela continua: *That little old man treats it so... good!* Beija um rapaz na boca. "Perfeito!", grita o diretor da comédia no filme.

Os psicanalistas de Marilyn deviam ficar desconcertados com aquela cena louca. Logo eles, que haviam aprendido que o desejo incestuoso entre filha e pai devia ser recalcado e só reaparecia travestido pelo sintoma. No filme, Marilyn, com seu gênio, representa, canta e dança um amor quente e derramado por seu papai. Um *Daddy* em nada recalcado, que é o proprietário de seu coração de Lolita. O que lhe permite atiçar os rapazes e mostrar que ela os deseja mas é obrigada a recusar. As pós-feministas usaram essa performance de Marilyn para enfatizar a que ponto a doxa psicanalítica não enxergava o amor e o desejo explícitos e intensos, e às vezes exercidos, que podem ocorrer entre pai e filha. Com uma atuação exagerada, como fez Marilyn, algo de cômico emana e ameniza a própria coisa. Ao tornar o papai querido tão charmoso e divertido, o eixo gira e põe-se em movimento. Essa paródia diz alguma coisa sobre a relação dos homens com uma filha que padece de um amor tão grande pelo papai.

O trauma de *Os desajustados* 13

Miller ocupava-se de tudo, enquadrava a mulher, falava com seus agentes, seu diretor, seus produtores, não a largava um minuto. Depois foi esperar em Nevada pelo início das filmagens de *Os desajustados*.

Era o primeiro roteiro de Miller em muitos anos e inspirava-se nas pessoas que conhecera em Nevada. Naquela época, Marilyn filmava *Nunca fui santa* na mesma região. Inspirado por caubóis um tanto extravagantes, ele escrevera um texto sobre o que chama de "vacuidade da existência". Depois, tentou construir um papel de mulher que combinasse com Marilyn, justamente em uma versão que não fosse a eterna e glamourosa atiçadora de machos, ingênua, um pouco burrinha.

Roselyn, portanto, está em Reno para se divorciar, na verdade a contragosto. É sustentada por uma hoteleira, velha "divorciadora", sólida, habituada às angústias das mulheres nessa situação, que diz sem escrúpulos: "Beba um gole que isso passa!" Roselyn flutua, é tão bela e pura que permite que a hoteleira a embarque num táxi dirigido por um rapaz chamado Guido. Ele vai levar um colega caubói, Gay, até sua cabana no meio do deserto. Essa casa, abandonada desde que a mulher do taxista morreu, torna-se o teatro do vazio de suas vidas. Ali Roselyn e Gay começam um romance. Encontram-se por acaso. Gay, interpretado por Clark Gable, é um caubói solitário, tendo abandonado mulher e filhos. A pequena equipe dos desajustados resgata outro colega na estrada, Pierce, que participa de rodeios. Instalam-se todos juntos. Roselyn "encanta a casa abandonada", é enérgica, pragmática, sentimental, emotiva e alegre. Por meio de Gay, percebemos a que ponto esse filme diz como Arthur Miller ama Marilyn. É efetivamente um filme de amor. Gay lhe diz: "Você é magnífica, é quase uma honra estar com você, estou maravilhado. Por que está tão triste?

Nunca conheci alguém tão triste como você!" Essa observação fora dirigida por Arthur a Marilyn. No filme, Roselyn responde: "Você é o primeiro a me dizer isso. Em geral os homens me dizem que eu respiro alegria." Gay: "Porque com você a vida parece bela." Ela: "Mas não para você, Gay!" Podemos imaginar, sem faltar à verdade, que Miller transcreveu um diálogo correspondente às suas próprias conversas. Uma imagem magnífica contra um fundo de tristeza abissal. E quando o jovem caubói Pierce cai durante um rodeio, ela sofre por ele e com ele. O outro, Guido, lhe diz: "Você está no meio. Tudo que acontece com os outros acontece com você, Roselyn. Você está comprometida até o pescoço." Ela responde: "Dizem que isso é nervosismo." Guido continua: "Neste mundo, se não houvesse pessoas nervosas, os humanos se devorariam." Depois ela descobre que eles vão caçar cavalos selvagens para matá-los. O drama então começa, porque Roselyn sofre antecipadamente pelos animais acuados, reprova esse ato cruel e gratuito. Um ato de machos. Eles contemplam uma estrela, uma *star*, brilhando no céu: sua luz tão intensa é a de uma estrela já morta. Metáfora da luz dessa mulher Roselyn/Marilyn.

Ela interroga Gay:

— Você os mata?

— Não, eu os capturo.

— Você sabe muito bem que o que faz é errado!

— Algum outro o fará se não for eu... Alguns devem morrer para que os outros vivam... As outras profissões significam escravidão. Eu caço, sou um homem livre, é por isso que agrado você.

— É pela sua bondade.

— Há homens bons que matam!

— Não, eles não matam!

— Eu poderia te ver como uma garota de *night-club*, onde tudo tende a ser ruim; vi outra coisa e tive respeito por você.

Subitamente ela se ilumina e a ternura a invade:

— Você teve respeito por mim. Pode jurar isso?

O respeito, termo lancinante em Marilyn, convencida de que lho recusam e sempre lho recusarão. Ela fora para Nova York a fim de se tornar uma atriz respeitada. Sabe, da maneira mais efetiva, que não se respeita uma garota sexy vinda de lugar nenhum, que reivindica aparecer como desejável. Para os outros, os burgueses, é sempre uma puta.

“Nas fotos das filmagens, há várias cenas em que a equipe está alegre, todos parecem se divertir muito...”

Em sentido horário a partir de baixo: Montgomery Clift, Eli Wallach, Arthur Miller, John Huston, Clark Gable e Marilyn Monroe. (Sob a escada, um membro não-identificado da equipe.)

No filme, todos percebem que Roselyn está transtornada, que não suporta essa cruel captura de cavalos de que participa apenas como espectadora. Um a um, os cavalos são pegos no laço e derrubados no chão poeirento. Com sua dor e sua raiva, Roselyn aponta o absurdo daquela caça aos mustangues, seu lado *démodé*, obsoleto. Ao humanizar a cena, revela em cada um deles a parte que não quer mais destruir a vida em nome da alegria. Então todos passam a amar mais Roselyn, e cada um dos rapazes quer seduzi-la e tirá-la do velho Gay. Guido (Eli Wallach), por sua vez, está disposto a trair seu companheiro, o velho caubói, enquanto Pierce (Montgomery Clift) quer renunciar totalmente aos cavalos por aquela mulher. Ela não se deixa seduzir, é fiel a seu homem, que, não obstante, a faz sofrer. Ela mostra sua angústia e sua cólera. O drama chega ao clímax quando Gay vê Roselyn enlouquecer, berrar, xingar e exigir que os animais sejam libertados a fim de que não sofram. No fundo de si, Gay também está disposto a renunciar, mas não a ceder às súplicas de uma mulher. Não quer ser "manipulado". Ela insulta os três homens: "Assassinos, vocês só ficam felizes quando as pessoas morrem! Você são três cadáveres ambulantes." Guido, cujos assédios desajeitados ela repeliu, muda de lado e a intriga com Gay: "Ela está maluca, louca. Elas ficam sempre mordidas, a gente custa a entender o que querem essas senhoras. Errei ao querer trabalhar... Vamos caçar os mustangues, as montanhas estão cheias deles..." Gay não se deixa levar por essas palavras misóginas, manda Guido calar-se.

Enquanto a tensão está no auge, é Pierce quem, silenciosamente, vai liberar o garanhão, que se afasta magnificamente, livre, a galope. Mas Gay corre e recupera o animal. Sozinho, diante dele, em um corpo-a-corpo inusitado, imobiliza-o e prende-o à força. Fará o mesmo em seguida com todos os outros cavalos, um a um, esgotado. Depois, espontaneamente, com um gesto decidido, liberta-os novamente. Mostrou que podia fazê-lo, provou a si mesmo que não amolecia nem mesmo diante da angústia de uma mulher e de um traidor. E é voluntariamente, porque ama Roselyn e porque não é essencialmente malvado, que liberta não apenas o garanhão, mas todos os cavalos. Em suma, demonstra que há uma diferença entre a crueldade que visa alienar e matar os mais fracos e o puro prazer de caçar e capturar, dissociado do prazer de fazer sofrer. Pois ele não visa fazer sofrer. Demonstra-o a Roselyn. Ela sossega e ainda o ama: “Poderíamos ter um filho”, ela diz. “E poderíamos fazê-lo corajoso. Alguém no mundo que fosse corajoso desde o início! Até a noite passada eu tinha medo, agora não tenho mais.”[35]

E, amorosamente, reencontram-se, esgotados, caminhando por que estrada? A estrada é grande e vazia, o deserto prolonga-se no céu estrelado.

Roselyn: — Como se encontra o caminho quando está escuro?

Gay: — Você tem de se orientar pela estrela grande, bem em cima. Ela indica a grande estrada, leva-nos diretamente para casa.

Roselyn, por amor, introduz o velho caubói no mundo moderno. Revela-lhe que aquele orgulho de caçar os mustangues, aquela alegria de ser um homem livre no deserto, na realidade, nos dias de hoje, não vale mais nada. Acabou. Renunciar a essa exacerbação de si também é aceitar a vida, aceitar o filho, vencer o medo. Será isso mesmo? Afinal, o fim da estrada, a casa deles, é ali onde a terra imensa encontra o céu... Que é essa visão infinita, desértica, senão a morte? Miller, portanto, conclui seu roteiro com uma fusão amorosa no horizonte do além.

Quanto ao psicodrama das filmagens, os diversos biógrafos interpretam diversamente os documentos, sempre os mesmos, de que dispõem.

Depois do atraso na filmagem de *Adorável pecadora*, foi a vez de *Os desajustados*. Marilyn enfrentou a pós-sincronização de um (e o rompimento com Montand) seguida das filmagens do outro.

Em 20 de julho de 1960, Miller e os jornalistas, além do governador de Nevada e sua família, estavam à espera da chegada da bela Marilyn ao aeroporto de Reno. O calor era tórrido (entre 38° e 40°C). Ela devia estar esgotada. Segundo Spoto, o produtor Taylor — editor e amigo íntimo de Miller —, John Huston e Arthur tinham decidido neutralizar Paula Strasberg não lhe dirigindo a palavra. Quando Marilyn compreendeu essa estratégia, ficou fula de raiva e telefonou para Lee, que desembarcou vestido de caubói dos pés à cabeça para levar a esposa se Miller continuasse a maltratá-la. Paula acabou ficando. Miller, por sua vez, conta as coisas de forma diferente. Diz que Paula infantilizava Marilyn e a isolava dos outros, particularmente dele. Achava que os Strasberg exploravam os temores de Marilyn de não estar à altura de seu papel de atriz, capturando-a em uma dependência cada vez mais intensa, a ponto de ele escrever: “Elas falavam outra língua entre elas. ... Sua *coach* era um pouco maluca, era uma oportunista ... quanto a mim, estava completamente excluído das filmagens."[36] Paula exercia a função de conselheira permanente, toda vestida de preto: "o Barão Negro". Todos a detestavam.

Marilyn parecia abusar dos barbitúricos, pois sofria muito. Sentia uma dor constante nos rins. Huston abusava do cassino e perdia dinheiro todos os dias. Clift abusava do álcool. Gable abusava do álcool e dos cigarros. Miller escrevia sem parar. Huston o encarregara de reescrever grande parte do roteiro. Ele trabalhava todas as noites, reescrevendo à medida que as filmagens corriam. Todas as manhãs entregava o novo texto do dia, o que era insuportável para os atores, especialmente para Marilyn, lenta e perfeccionista, e para Clark Gable, que um dia declarou que não aceitaria mais mudanças.

As filmagens foram um "caos total". Gable, cachê altíssimo, tinha o costume de correr riscos. Assim, deixou-se arrastar por um carro a 40km/h na areia, e saiu acabado. Um dublê de Clift foi gravemente ferido por um cavalo.

O calor, a dor física e moral de Marilyn, a atmosfera de animosidade entre Miller e Paula Strasberg, a conivência entre Huston e Miller e as perdas do primeiro no jogo — tudo isso só fez aumentar as tensões no seio do casal Miller. Greenson, o psicanalista de Marilyn, não estava longe das filmagens e receitava medicamentos. Ela recebia inclusive injeções. Custava a acordar de manhã, às vezes exibia o olhar vago, tinha de usar uma peruca porque seus cabelos haviam se danificado no filme anterior. Uma certa discordância persistia entre Arthur e ela sobre a personagem de Roselyn, que Marilyn achava demasiado passivo e ingenuamente emotivo. Ela criticava o marido por lhe ter escrito um papel secundário dentro de um enredo essencialmente masculino, ao passo que ele sempre lhe prometera um papel dramático, um presente. Nesse roteiro, ela continua a ser uma desconhecida encontrada por acaso e necessária apenas por ser comovente e bela, fazendo assim a mediação entre os homens. O tema do filme é a reflexão de um intelectual sobre o estado do mundo e dos Estados Unidos. Em suma, Marilyn, como pessoa amada, ela própria como "estado do mundo", como enigma, como personagem única, não era efetivamente o tema do filme. O texto, escrito, reescrito, mais uma vez reescrito noite após noite durante as filmagens, foi como uma tortura cotidiana entre eles. Marilyn não dormia. Não era junto a Miller que ela podia se queixar dos outros e buscar consolo — era com Paula que se queixava sobre ele. Foi um abalo considerável para o casal.

Os críticos acham que Marilyn era não apenas a destinatária, mas a inspiradora da personagem de Roselyn. Ela adorava os animais a ponto de devolver sistematicamente ao mar os peixes que os pescadores jogavam fora. Ao se divorciar em Nevada para poder se casar com Marilyn, Miller conheceu esse lugar estranho e árido habitado por "*misfits*", indivíduos desajustados que lá chegaram para se divorciar com rapidez e que não vão mais embora, errando estranhamente por um mundo de pessoas perdidas, isoladas, inadaptadas, com dificuldade para se comunicar. "Quando a gente chega a Nevada, abandona tudo que tem e que define a pessoa, a preocupação com a hora, o sotaque...", tudo que identifique alguém. Miller punha em destaque esses imensos espaços áridos, seu estado de perdição, e os encontros fortuitos que falavam de si mesmo, dos Estados Unidos do fim dos anos 1950, das pessoas rejeitadas pelos avanços da tecnologia, mas também dos caubóis marginalizados que se tomavam por pálidas réplicas dos verdadeiros caubóis, aqueles que vemos no cinema. A vida dos norte-americanos não era mais a mesma, mas lembrava um roteiro hollywoodiano. Com efeito, a única comunicação entre as criaturas calcava-se de certa forma em um script, assemelhava-se a uma história banal já escrita. Nesse filme, por meio da imagem, Miller transformava em ato a correspondência percebida por ele entre essas pessoas perdidas e esse espaço vazio a perder de vista. Os planos aproximados feitos por Huston o incomodaram e conferiram, segundo ele, uma supremacia do texto sobre a imagem. Ele teria desejado "um território lunar, um lago cinzento e salgado, com vários quilômetros de extensão, cercado por uma reserva de índios paiute, um lugar sinistro mas soberbo".[37] Algo fúnebre devia emanar da imagem lunar e transmitir a sensação da presença da morte. Miller achou que Huston não conseguiu colocar essa presença da morte ao lado do amor que une esses personagens desajustados.

O objetivo era mostrar pessoas isoladas que não se comunicam. Durante as filmagens, Marilyn e Arthur isolaram-se cada vez mais e comunicaram-se cada vez menos.

Segundo Miller, as coisas degringolaram quando Marilyn ficou doente e ele passou da alegria à tristeza. Mas não diz qual foi a doença.

Nas fotos das filmagens publicadas pela agência Magnum há várias cenas em que a equipe está alegre, todos parecem se divertir muito, quer se trate de Miller mostrando a Wallach como dançar com Marilyn, quer se trate do grupo reunido para a "foto de família" do filme.

Sinatra convidara Marilyn para ir a Cal Neva Lodge, às margens do lago Tahoe. Todos foram passar o fim de semana na casa dele. Uma cena foi rodada ali, Roselyn saindo do lago. Algumas fontes atestam que Kennedy e Giancana (um dos chefes da Máfia em Chicago) figuravam na lista de convidados. Kennedy esteve presente? Não se sabe. Em todo caso, Arthur Miller estava lá com Marilyn. Nessa época, Sinatra estava em vias de comprar Cal Neva com Sam Giancana e Mikey Rudin, o advogado californiano de Marilyn, cunhado do psicanalista Greenson. Estaria Marilyn preocupada com seu caso com Kennedy? A aproximação das eleições e a eventualidade de uma vitória de Kennedy provavelmente alteravam seu envolvimento naquela aventura. As personalidades que freqüentavam Cal Neva Lodge eram importantes para a campanha dos democratas. Sabemos que Joe Kennedy (o pai) visitava o local e que ali negociou o apoio da Máfia para a eleição do filho. A crise do casal Miller em plena filmagem de *Os desajustados* deve ter ganhado mais um elemento nessa visita ao lago Tahoe. Três semanas mais tarde, Marilyn era hospitalizada.

Marilyn continuava pensando em Yves Montand; ambos precisavam estar presentes à estréia de *Adorável pecadora* que se realizaria em Reno em 21 de agosto de 1960. A imprensa, ávida por fofocas, os cercava. Mas o fogo devorou o Crest Theater de Reno, e a estréia foi cancelada. Nesse clima, Montand aceitou dar uma entrevista para uma revista popular e, de certa forma, foi evasivo, dando a entender que, por ter apenas um pequeno papel no filme, só lhe restava fazer bem as cenas de amor para as quais fora chamado. Talvez desse modo desejasse publicamente salvar seu casamento. Para isso, precisava ridicularizar sua aventura com Marilyn. "*The schoolgirl rush on me*" ("A garota pulou em cima de mim"), foi a declaração que a jornalista Hedda Hopper, conhecida por sua perfídia, atribuiu a ele. Signoret escreveu que era impossível Montand ter pronunciado tais palavras. Ele precisaria de uma semana para aprendê-las! Aquela jornalista tinha duas armas, diz ela: "As palavras que magoam ou o silêncio que mata." Simone Signoret achava que Hopper lhe reservara, a ela, o silêncio, que de fato a protegeu das picuinhas entre as estrelas de Hollywood, e provavelmente ajudou-a a ganhar o Oscar de melhor atriz pelo papel de Alice em *Almas em leilão* (*Room at the Top*). Para Marilyn, Hopper escolhera palavras falsas, maliciosamente atribuídas a Montand. Alguns pensaram que aquilo derrubou Marilyn a ponto de hospitalizá-la. Às perguntas indiscretas feitas pela imprensa, o casal Signoret-Montand respondia regularmente que o filme pedia aquilo — "*Let's make love*" significa "Vamos fazer amor". O caso entre os dois atores teria sido uma vicissitude do cinema, nada além. Não havia por que criar uma história. Aquilo era típico do estilo francês! Signoret não quis prejudicar Marilyn e desaprovou as zombarias e maldades da imprensa. Escreveu após sua morte: "Ela nunca soube que eu nunca a detestei e que entendi muito bem aquela história que só dizia respeito a nós quatro." Também criticou Arthur Miller por ter escrito a peça *Depois da queda* logo em seguida à morte de Marilyn. Uma peça que ridiculariza Marilyn, uma infelicidade.

Ela, Signoret, compreendera que houvera um encontro efetivo dos dois atores em seus pânicos de entrar em cena e que aquilo só dizia respeito ao grupo de quatro por eles constituído.

No fim de agosto, Marilyn foi hospitalizada no Westside Hospital para uma semana de repouso. O ator Peter Lawford, cunhado de Kennedy, teria feito parte daqueles que a acompanharam ao hospital.[38] Alguns dizem que John Huston acumulara tantas dívidas de jogo que, ao mesmo tempo que precisava de uma semana oficial de interrupção das filmagens, necessitava também de seus salários. Ele teria entrado em acordo com os médicos de Marilyn. Outros dizem que ela estava esgotada, envenenada pelos barbitúricos, precisando de uma desintoxicação. Todos esses fatores combinados desembocaram em uma hospitalização orientada por Greenson.

Na saída do hospital, aparentemente em boa forma, foi aclamada em Reno por uma multidão. Não perdera o trunfo de sua presença, muito pelo contrário. Aliás, por diversas vezes foram suas improvisações que prevaleceram no filme. Em um bar freqüentado pela equipe, Marilyn começara a jogar o *jokary* com os outros, e, por acaso, alguém estava filmando para se divertir.[39] Essa cena, muito importante, figura no filme. E a famosa cena tão graciosa, quase mística, de Marilyn dançando ao luar ao redor de uma árvore também foi improvisada. Momento de invenção da atriz arrebatada pelo movimento da representação quando se esquiva de Guido, o traidor, que quer beijá-la. Também nesse caso foi sua inspiração filmada que ficou na memória, apesar da censura católica, que deu um parecer desfavorável à tomada, considerando-a uma "cena de masturbação" e recomendando sua eliminação.

Cartier-Bresson disse sobre Marilyn: "A primeira vez que a vi em carne e osso, fui arrebatado como por uma aparição de conto de fadas... Há algo extremamente vivo e luminoso nela, uma inteligência. É sua personalidade, um olhar, algo muito sutil, muito intenso, que desaparece rapidamente para reaparecer de novo."[40] Todos concordam em dizer que ela tinha essa poderosa capacidade de aparecer desaparecendo. Huston escreveu que "ela tomava comprimidos para dormir e outros para acordar de manhã... Parecia freqüentemente sonâmbula. Quando voltava a ser ela mesma, entretanto, era maravilhosa. Ela não representava. Vivia seu papel de verdade." Seus atrasos acabavam sendo perdoados.

Miller, que concebera aquele papel como presente a Marilyn para ajudá-la a vencer seu medo de estar à altura, reconhece que o resultado foi o contrário do esperado. Aos poucos, aquele presente se tornou um calvário. No último dia, separaram-se e cada qual partiu para o seu lado. O movimento fúnebre que ele preconizava para a ficção operara-se entre eles. Depois do filme, Miller começou uma relação amorosa com a fotógrafa Inge Morath, que conhecera durante as filmagens.

Os psicanalistas e a *coach* não impediram que o pânico, os atrasos e a ingestão de medicamentos aumentassem. Marilyn apresentava um ligeiro tremor nos lábios quando interpretava cenas de grande emoção. Esse tremor faz pensar em outro, um sopro, um roçar do além, que encontramos no filme inacabado que se seguiria, *Something's Got to Give*. Às vezes ela exibia o rosto um tanto deslocado do resto, como uma máscara branca, um pouco inchada. Podemos constatar que o coquetel Actor's Studio com casal Strasberg e psicanálise permitiu a Marilyn desenvolver sua capacidade criativa de representação e de improvisação, mas a um preço alto.

A aventura de *Os desajustados*, empreendida para consolidar a relação e dar reconhecimento a Marilyn, grande preocupação de Miller, resultou no rompimento definitivo do casal, gerando uma angústia extrema para ambos. Nenhuma das razões enumeradas acima bastam, porém, para justificar essa fissura.

Esse belíssimo filme, *Os desajustados*, mostra como uma mulher, se não ceder ao que mais preza, mesmo ao preço de ser odiada, pode ser reveladora de desejo para o homem que a ama e a quem ama. Ele aborda uma questão que Miller colocava para si próprio, mas lhe dava um destino lúgubre, ao passo que para Marilyn era sempre uma criação. Ela encontrava os gestos que improvisam a vida, a sua confundida com a do personagem. Os perdidos de Nevada encontram-se e se amam, mas o machismo dos homens os une e deixa a mulher à parte. Esse desvio isola a mulher que eles admiram. Ela fica louca de raiva porque, de seu encontro de perdidos, de sua deserção comum, ela esperava uma pureza nova, uma partilha entre os sexos, uma renovação da vida sem medo. Sente-se atrozmente traída quando compreende que não é nada daquilo. É a violência de sua cólera que os faz penetrar em outro mundo, ainda que resistam. Alguma coisa terminou definitivamente, e eles vão ter de recomeçar uma vida inédita, uma vida de funcionários e assalariados, com tudo a ser inventado. O papel de Roselyn era o de um agente da verdade. Não era um papel secundário, ao contrário do que Marilyn receou. Era rude, com efeito real. Pode-se dizer que o papel de Marilyn em *Os desajustados*, depois da Nell de *Almas desesperadas*, era o único que não apresentava ridiculamente uma mulher provocante e sexy. Mas a experiência desse filme foi tão aguda que pôs a descoberto a realidade do mal-entendido entre ela e Arthur de forma aparentemente radical. A irreversibilidade da fissura que ele engendrou deveu-se provavelmente ao sórdido jogo de terceiros no psicodrama da filmagem.

Se o efeito "*misfits*" foi o rompimento frio, lúgubre, sem palavras, que se passou entre ela e seu marido, isso foi devastador para ela. E terrível para ele.

14

Arthur Miller, quarenta anos depois, *unfinished*

Em sua autobiografia, Miller contou que, algumas semanas depois do fim das filmagens de *Os desajustados*, Marilyn lhe telefonara surpresa por ele não ter voltado para casa.[41] Na época desse doloroso mal-entendido (fim de 1960), ele já começara a escrever uma peça cujo tema era a confissão de um homem, Quentin, que acreditava que "a aceitação da negação era o caminho que lhe permitia conhecer a si próprio" e para quem "a inocência mata".[42] Miller pensava em distanciar a personagem Maggie, fadada à morte, da verdadeira Marilyn, que se debatia sozinha com o filme seguinte. Enfim, foi no momento em que terminava *Depois da queda* (1962) que explodiu a notícia da morte de Marilyn. Ao mesmo tempo sem o saber e sabendo, Miller escrevera sua versão sobre o vínculo com Marilyn.

Maggie já é uma assombração, morta há quatorze meses, quando faz uma aparição ao marido Quentin, ao pé das ruínas de um campo de concentração. Garota "estúpida, desmiolada, que só fala tolices, não defende nada, não apóia nada. Estava ali simplesmente como uma árvore ou um gato."[43] Quentin sentia-se surpreendentemente "abstrato" ao lado dela.[44] "Uma vez na minha existência, em uma fração de segundo com Maggie, eu vi minha vida ... essa visão às vezes paira atrás de mim, confusa, descolorida ... essa garota erra no meu espírito..." Maggie diz a Quentin que, sem ele, nunca teria se projetado daquele jeito e nunca teria tido o sucesso mundial que conquistou. "Você me olhou como do fundo de você mesmo, isso lhe dava uma satisfação secreta. Sou uma piada para todo mundo."

Quentin: "Essa garota de quem eu zombei junto com os outros. Porque menti para ela fingindo ser o seu protetor humilde ... sua vulnerabilidade me rasgava o coração. Meu primeiro título de nobreza é que não tentei dormir imediatamente com ela. Ela tomou isso como uma homenagem ao seu valor, ao passo que eu estava simplesmente com medo. Deus, que hipocrisia! ... Por que a traição é a única verdade que subsiste?" Maggie se propõe a acompanhar Quentin até Washington para encarar a Comissão de Atividades Antiamericanas, e para isso deverá assumir um nome falso: "Como nunca vou me lembrar de um nome falso, basta que não pense em nada, e sou eu. Nada." Ela se chamará então Sarah Néant [Nada], que soa parecido com "néon".

Quentin percebe que "forjou a mentira de salvá-la, mas de que, senão de seu próprio desprezo?" Maggie sabe que ele tem vergonha dela. Em seu casamento, ela o repreende por ser frio, não apertá-la nos braços. Insulta-o: ele só quer saber do dinheiro. Chama-o de "veado". Toma remédios e ele a despreza. Ele não pretende ser aquele que impede um eventual acidente por excesso de barbitúricos. Quentin esquiva-se e acusa Maggie de querer, graças às exigências do amor, transformá-lo em um assassino. Prefere entregá-la aos médicos. Vendo que ele está escapulindo, Maggie berra e o insulta. É então que diz que a vontade de morrer tomou conta dela desde o dia em que descobriu a seguinte frase no diário íntimo do marido: "A única criatura que amarei para sempre é minha filha." Lembremos que em Londres Marilyn descobriu, com efeito, uma frase agressiva no diário de Arthur, o que a fez partir perigosamente para os barbitúricos.

A isso Quentin responde que o pior fracasso para ele é a sua "impotência de amar". Acrescenta: "É no seu próprio nome banhado de sangue que está a fuga." Assim, sente-se em sintonia com a culpa dos sobreviventes dos campos de concentração. A peça termina com a morte de Maggie, abandonada às drogas. Quentin oficializa o novo amor por uma mulher que acaba de conhecer na Alemanha.

Maggie, a inconsistente, drogada, perdida em um mundo de pessoas ávidas e predadoras, é aquela que encarna a inocência que Quentin nega e que, por outro lado, é sua própria vida.

Depois da queda provocou escândalo, com o público e os críticos vendo na peça um ataque a Marilyn, que acabava de morrer.

Uma surpresa espantosa: Arthur Miller, aos oitenta e oito anos [morreu em 10 de fevereiro de 2005, aos oitenta e nove], escreveu uma peça com o título *Finishing the Picture*. Quarenta anos depois, ele voltava mais uma vez à sua separação de Marilyn por ocasião de *Os desajustados*. O fato de escrever essa nova peça me pareceu estritamente lógico. Miller parece ter sido perseguido pelo *unfinished* todos esses anos.

Quem será Kitty, quarenta anos depois?

Corri para assistir à apresentação de *Finishing the Picture* no Goodman Theater, em Chicago, em outubro de 2004. *Finishing*? Findar, terminar, acabar com aquilo. Com o quê? *What picture*? Terminar o filme *Os desajustados*, que quase não terminou. Tudo pode ser sugerido — terminar com Marilyn, concluir a relação com Marilyn, consumar a imagem e o retrato da bela estrela, impossível de se esgotar, eternamente viva. Para Miller, como terminar e concluir sua vida sem ter terminado, em sua álgebra própria — o teatro —, com Marilyn? Eis as questões que me ocorriam antes de ir ver a peça em Chicago.

Miller retoma a história deles ali onde ela se interrompera, exatamente no momento em que ele próprio a suspendeu por ocasião da crise que ameaçou o fim de *Os desajustados*. Ele produz sua versão: "*It is my truth. It is not your truth.*"[45] Ao contrário de *Depois da queda*, essa peça é escrita com afeição e sutileza.

Uma equipe de filmagem hospedada em um hotel em Reno. Um homem de negócios, produtor, Philip Ochsner, é chamado para salvar um filme à beira da falência em virtude das perdas de dinheiro causadas pelos atrasos de Kitty, a atriz principal, que passa por crises tamanhas que não consegue sair da cama para ir trabalhar de manhã. Ele tenta decifrar com muita delicadeza essa situação desoladora. Acha o clima do filme um pouco frio, confuso, e Kitty, espectral. Todas as manhãs, pela janela de sua suíte, ele observa um céu em fogo. Fica preocupado, é um incêndio em uma floresta distante.

Lembremo-nos de que o fogo devastara em agosto de 1960 o cinema onde Marilyn deveria, com Montand, apresentar a estréia de *Adorável pecadora*. Naquela época surgiam na imprensa declarações degradantes contra ela, atribuídas a Montand. Marilyn sofreu com essa ignóbil campanha, tinha dificuldades para trabalhar, tomava barbitúricos para espantar o medo e soníferos para dormir. Ficou em repouso durante uma semana no hospital.

Em Chicago, a peça é representada por atores de cinema bastante conhecidos. Não se menciona o filme *Os desajustados* — trata-se apenas de um filme qualquer ameaçado de ser interrompido. Todos, produtor, diretor, chefe-operador, Edna, a assistente, e Paul, o escritor e marido da estrela, estão preocupados e pressionados pela equipe, que não agüenta mais. Kitty, mundialmente famosa, não sai da cama. Ninguém sabe o que ela tem exatamente, é um enigma. Será um grande cansaço, um medo pânico de representar, uma depressão resultante dos ataques degradantes da imprensa? Quando vemos seu rosto aparecer nos copiões, ela é comovente, maravilhosa, adorável e bela. Todos procuram compreender aquela estranha doença que a torna bizarra, alterada, com o olhar por vezes vazio. Giram em círculos, tentam analisar, irritam-se por conta da perda de dinheiro e do esgotamento. O calor é insuportável.

Interroga-se o marido, que explica que a mulher é assombrada por fantasmas, tendo sido obrigada a lutar para sobreviver. Ochsner, comovido, está disposto a tudo para consertar a situação. Revela sua admiração: "Ela é um milagre, impressiona instantaneamente, é uma mulher que sofreu, uma mulher honrada." Um repouso de uma semana em um hospital é considerado. Graças ao incêndio e aos cortes de corrente elétrica, fato circunstancial, vão receber o seguro.

Derek, o diretor (John Huston), está preocupado. Conhece bem a atriz, acha que sua *coach* errou ao se interpor entre ela e ele. A assistente é incondicional para a estrela: sabe que se trata de uma atriz perfeccionista, que quer trabalhar, toma drogas e sofre com o conflito entre seu marido e sua *coach*. Para fazer um filme com ela, é preciso pagar esse preço.

O chefe-operador, por sua vez, não se constrange com todas essas ponderações. Afirma que ela é esplêndida, que a câmera adere à sua pele, que, como os animais, ela tem uma pele cheia de vida, que provoca. Com ela, assim como com os cavalos (pensamos nos mustangues), é preciso dosar carinho e ameaças — eles próprios não sabem, sozinhos, o que fazer. A assistente fica indignada com sugestões tão vulgares, afinal Kitty tem uma alma. O chefe-operador replica que não filma a alma, mas o contorno, a pele que ela tem. Em contrapartida, observa que ela sofre lapsos de memória durante as falas. Paul, o marido, acusa a *coach* Flora (Paula Strasberg) de pedir tão insistentemente que a atriz se inspire em suas emoções que ela esquece o texto.

Além disso, Paul levanta suspeitas sobre os outros. Seriam as falhas do filme culpa exclusiva de Kitty? Ou será que a estariam usando para endossar todas as imperfeições?

Nesse ínterim, a estrela é vista passeando nua pelo hotel, como perdida.

A *coach* telefona para o marido, Jerome (Lee Strasberg), em Nova York, célebre professor de arte dramática em quem Kitty deposita total confiança. Conseguirão salvar as filmagens?

A atriz é ou não capaz de terminar o filme? Eis a pergunta lancinante.

A assistente declara que Kitty acha tudo *fake*.

O marido é pressionado a encontrar soluções para encorajá-la. Ele afirma que sua mulher, na realidade, conhece apenas a linguagem do amor — e do amor verdadeiro. Mostra aos outros que, com ela, eles têm poucas chances, pois não adianta amá-la e admirá-la; eles precisam dela, e esse interesse financeiro constitui obstáculo ao amor. No cinema, nada é real e todos são tratados como mercadoria. Querem-na bela, em forma, mágica, ao passo que talvez ela se sinta moribunda. Ele está desesperado, sua relação com ela atravessa uma crise aguda. Ele escreveu conscienciosamente o roteiro. O ressentimento medra entre eles. Ela existe? Tornou-se um "fantasma, uma nuvem de fumaça, e, ainda assim, existe plenamente", ele diz. Se ela ceder, tudo cederá, sua reputação mundial, o filme, os banqueiros que a amaldiçoam, todos abandonarão o barco, ela será acusada, odiada. Portanto, ela existe simplesmente como pessoa que pode ser odiada. Paul continua: ela conversa com seu analista e ele está confuso. Mas desperdiçar tempo e energia é estafante. Todos têm medo dela e não compreendem por quê.

Miller descreve um Jerome (Lee) grotesco, arrogante, totalmente imbuído de sua superioridade. Mandou fazer para si próprio uma fantasia de caubói novinha, como nas filmagens de *Os desajustados*. A platéia cai na gargalhada diante da *gag* do grande professor farsesco experimentando sozinho suas botas novas e apertadas. Faz a esposa calar-se, compreendendo que ela foi longe demais e que estava errada ao se interpor entre o grande diretor e a estrela — isso não se faz. Ainda mais quando se trata do melhor diretor da época. Jerome está ali somente por amizade profissional, esclarece que apenas conversa com seus alunos, cabendo-lhes fazer o que bem lhes aprouver de suas palavras. Não pode garantir nada. A situação saiu do controle. Todos estão irritados.

Naturalmente, a amplitude odiosa da caricatura indica sem sombra de dúvida que Miller acusa Lee e Paula na mesma medida em que é incapaz de reconhecer sua própria culpa na destruição levada a cabo durante essas filmagens.

O terceiro ato se passa no quarto, onde Kitty repousa na cama. Ela não fala, grita. Todos respondem a frases supostas, mas o público não ouve a voz de Kitty. Derek, o diretor, compreende que ela quer terminar o filme. Ele acha que seus atrasos estão ligados à sua arte — ela se compara a Michelangelo, também sempre atrasadíssimo. Ochsner explica-lhe que ela, tão excepcional, tem que parar de se rebelar, bastando simplesmente chegar na hora. Ninguém quer se envolver em suas brigas e picuinhas com o marido. Há um avanço no tempo, e todos repetem que a respeitam integralmente, que ela está errada em duvidar disso. Encontramos invariavelmente todos os temas valorativos e caricaturais sempre utilizados para descrever Marilyn.

Há urgência, faltam apenas quinze minutos para decidir se o filme será ou não interrompido. É quando chega o famoso Jerome, tão esperado. A primeira coisa que faz é falar a Kitty de maneira grandiloqüente acerca da famosa Eleonora Duse, por cujo talento sabemos que Marilyn tinha grande admiração. Paul entra no quarto e interrompe o longo monólogo do professor; Kitty urra, seu marido quer saber se ela concorda em ser hospitalizada por uma semana. Naturalmente, ela não concorda e grita. Paul repreende o professor, perguntando-lhe se ele assume a responsabilidade por Kitty. Jerome recusa. Então Paul grita com Kitty, afirmando que ela tem de parar de achar que seu professor zela por ela, e que, se agora ela o rechaçar, ficará sozinha no mundo. Que erro terrível depender daquelas pessoas!

Jerome, novamente sozinho com Kitty, com pressa de ir embora, declara de repente que a semana de repouso é uma boa idéia. Continua a falar da Duse e a tergiversar sobre o fato de não querer cair no descrédito junto com a estrela. E depois ouve-a dizer que vai trabalhar de novo a partir daquele dia. Foi a forma que Miller encontrou para dizer que Marilyn não desistia. Jerome, pasmo com a reviravolta, atribui-se imediatamente a vitória, que se encarrega de anunciar aos outros, e vai embora.

Todos estão emocionados e alegres, embora receosos daquela guinada da atriz, enfim disposta. Edna não quer repreender ninguém, garantindo a Kitty que o marido a adora.

Finalmente, a estrela se levanta e vai se maquiar. Todos esperam impacientemente no sofá, angustiados, dispostos a reverem sua opinião sobre Jerome. Porém, Derek, o diretor, recupera seus direitos e vai se ocupar diretamente de Kitty, afastando sua *coach*. Quando a atriz está pronta, ele a pega pelo braço e ouvimos a voz de Kitty: "*Yes*." Eles dão alguns passos juntos e a atriz desmorona.

Diante do estupor dos outros, Paul ergue-a amorosamente e a carrega nos braços até a cama. Kitty deixa-se levar, fazendo gestos carinhosos para ele. Consegue dizer que, ainda assim, pretende trabalhar à tarde.

Ochsner recusa, a decisão está tomada: ela será hospitalizada para uma semana de repouso. As filmagens recomeçarão depois.

A assistente dirige-se a Paul pronunciando estas palavras: "*She loves you*." Ele responde: "*She doesn't like me*." Edna chama sua atenção para o fato de Kitty não ter explodido quando ele a tomou nos braços. Paul, arrasado, faz um gesto de desespero e desistência. Diz que o que havia de tão vivo e apaixonado entre eles desfez-se em uma detestável poeira ordinária. Houve entre eles uma esperança inaudita que não se confirmou, "não fiz o milagre que havia prometido", ela tampouco, e nada se mexeu, é uma história triste... Ela é a vida, a primavera, o Mississippi, ... ela voltará nova em uma semana e terminará o filme. Edna insiste e lhe pede para tentar mais uma vez. Ele responde: "*No more, just... no more*."

Ele se afasta no momento em que percebe sua própria covardia e compreende que Kitty, mesmo com raiva, continua a amá-lo. Ele recua diante do que se anuncia e o apavora.

Do lado de fora o céu está novamente azul, esboça-se um idílio entre Edna e Ochsner, como para significar que a vida continua. Outros amores virão.

Eis, teatralizado, o instante em que Arthur desistiu de seu amor por Marilyn, que, no entanto, não o abandonou. Um *no more, no more* de esquiva diante do passo seguinte. Ele se desviou sem dizer até logo na amargura de sua decepção e desespero. Miller não passa a palavra a Kitty, pressupõe sua resposta, uma vez que não teria podido atribuir palavras a Marilyn, nenhuma teria sido precisa. Só o corpo da atriz está ali, portador do enigma, buraco negro, ponto de referência de todos os mal-entendidos, todas as questões, as suas e as dos outros. Nisso reside o aspecto mais forte dessa peça, a presença sem palavras da atriz.

Os desajustados foi o texto que urdiu toda a história desse casal. Arthur Miller não quis compreender na época que Marilyn não trapaceava com seus estados vertiginosos, fontes de seu talento inusitado de atuar e aparecer. O amor deles era para ela uma força viva em seu dispositivo criativo, contanto que Arthur segurasse a barra.

Assim que Arthur partiu, alguma coisa esvaziou-se para Marilyn, obrigando-a a continuar a luta sozinha.

Entretanto, o *unfinished* prosseguiu para Miller durante anos. Nesse processo, compreendeu que Marilyn tinha algo essencial — é o que ele diz, à sua maneira, na sutil discussão da peça, em que cada um se choca com sua própria incompreensão e culpa o outro. Miller também mostra que não obedeceu à exigência de Marilyn, na época não entendeu direito e, sobretudo, não a suportou.

Ele começou a escrever essa peça vinte anos antes, deixou-a de lado no desespero; depois, após a morte de sua mulher, Inge, aquilo voltou, impôs-se, ele não compreendeu o processo. Seu filho Robert, que gostava muito de Marilyn, acha que, se o pai precisou escrever sobre sua separação, foi porque "quis ser justo consigo mesmo e quis ser justo com Marilyn". De fato, podemos perceber a distância que há entre essa peça e *Depois da queda* — aqui Miller é mais cuidadoso, reflexivo e amoroso.

No more, no more — estranhas últimas palavras. Uma semana de repouso no hospital não termina com as questões de *Os desajustados*. Não há fim verdadeiro para esse amor. De *Néant* a *no more*, o vínculo de Arthur com Marilyn permanece decididamente *unfinished*. Apesar do título, *Finishing the Picture* não finaliza nada.

Por outro lado, será o filme seguinte, *Something's Got to Give*, durante o qual Marilyn lutou sem sucesso, que permanecerá inacabado.

Na vida real, porém, *Os desajustados* foi concluído. Terá sido o ponto em que tanto Miller quanto Marilyn ficaram presos, suspensos no tempo?

15 Fragilidade

No dia seguinte à conclusão de *Os desajustados*, Clark Gable teve um ataque cardíaco. Marilyn imediatamente culpou-se por tê-lo feito esperar demais durante as filmagens. Em 8 de novembro de 1960, a contagem de votos para as eleições presidenciais ainda não dava como certa a vitória de John Kennedy. Foi preciso que o prefeito de Chicago, amigo de Giancana, mandasse recontar os votos do condado de Cook (a fraude eleitoral sendo uma tradição nesse condado) para que a vitória de Kennedy se consolidasse graças a uma diferença mínima sobre Nixon, até então na frente. Em 10 de novembro, Kennedy, contra todas as suas promessas, anunciou que manteria Hoover na direção do FBI. Para contrabalançar essa concessão necessária, nomeou seu irmão Bob ministro da Justiça a fim de controlar Hoover, hostil e furioso.

Em 11 de novembro de 1960, Marilyn voltava a Nova York. No dia seguinte, a manchete sensacionalista do *New York Daily* estampava: "Miller abandona Marilyn." Em 16 de novembro, Clark Gable morreu. A devastação do efeito "desajustados" se fazia sentir.

Marilyn dividia seus dias entre as sessões com a psicanalista Marianne Kris e o trabalho que retomara com Lee Strasberg, que queria dirigi-la em uma adaptação de *Rain*, de Somerset Maugham, enquanto a Fox lhe propunha filmar *Goodbye Charlie* com Cukor. Era obrigada a se disfarçar para sair de casa. Dizem que se fazia passar por uma secretária quando ia se encontrar clandestinamente com Kennedy no hotel Carlyle.

Em 14 de janeiro de 1961, Marilyn redigiu um novo testamento. Legava o dinheiro à sua meia-irmã e a uma amiga secretária, May Reis, além de uma pensão em nome de sua mãe, Gladys, e de Mrs. Tchekhov a fim de lhes proporcionar uma renda anual (em ambos os casos, além da família, ela nomeia uma amiga como herdeira). Dos bens restantes, 25% caberiam a Marianne Kris, "a fim de ajudar os trabalhos de instituições ou grupos psiquiátricos que ela julgar por bem estimular", e os outros 75% a Lee Strasberg. No ano seguinte, Marilyn convocou seu advogado para refazer o testamento, mas morreu antes de o assinar. (De modo que é uma instituição inglesa para crianças, o Centro Anna Freud, que hoje se beneficia desse legado, bem como a segunda mulher de Strasberg, que nunca conheceu Marilyn.)

Marilyn escolhera apresentar seu pedido de divórcio no México no dia em que Kennedy se instalasse na Casa Branca,[46] a fim de desviar de si a atenção dos jornalistas. Miller declarou publicamente que estava desolado com aquele divórcio. Por outro lado, teria dito: "Se eu não tivesse feito isso, não estaria mais aqui para comentar o assunto." Sugere, portanto, que se houvesse permanecido casado com Marilyn, estaria morto. Essa afirmação espantosa, dita depois da separação, aponta para uma justificação de sua angústia e é uma prova de que fugia de algo ao se divorciar.

Ao que se sabe, Marilyn estava desesperada. Em 31 de janeiro de 1961, escoltada por Montgomery Clift, ela assistiu à estréia de *Os desajustados* na Broadway. Triste e decepcionada, deixou o local às pressas, sem falar com Miller. Mais uma vez, no momento da apresentação ao público, ela não apreciava seu próprio trabalho.

Depois pediu autorização a Miller para ir pegar suas coisas na casa de Connecticut, que ela deixara para ele. Miller não estava presente, e essa ausência lhe pareceu um sinal de evitamento.

Marilyn fechou-se então em seu apartamento de Manhattan, sem comer nem falar. Tinha o costume de tomar barbitúricos, e sua psicanalista temeu pela sua vida. Uma empregada da casa a teria encontrado prestes a se jogar pela janela. Marianne Kris sugeriu-lhe que se hospitalizasse espontaneamente, e a levou em 5 de fevereiro de 1961, em seu próprio carro, para o hospital Cornell, onde foi internada no pavilhão psiquiátrico sob o nome de Faye Miller. Trancaram-na em uma cela acolchoada. Marilyn não esperava um tratamento daqueles. Após haver chorado tudo que podia, berrou, exigindo sair dali imediatamente, ao que os médicos se fizeram surdos. Dois dias depois, uma enfermeira deu-lhe papel e ela escreveu aos Strasberg uma carta pedindo socorro: "Trancaram-me com os birutas. ... Ajudem-me, eu lhes suplico. Este não é certamente o lugar que me convém ... etc."

Sem resposta dos Strasberg, amigos e vizinhos de Marianne Kris, Marilyn foi autorizada a telefonar. Miller hesitou em lhe ajudar, decidindo passar ao largo. Sem conseguir se comunicar com seus amigos nova-iorquinos, foi seu ex-marido Joe DiMaggio quem desembarcou no seu quarto, ameaçando demolir o hospital "pedra por pedra" se Marilyn não saísse imediatamente. A psicanalista sugeriu que Marilyn escolhesse outro hospital. Ralph Roberts, seu massagista confidente, acompanhou-a até sua casa na companhia de Marianne. A paciente despejou na psicanalista uma torrente de críticas e recriminações. Em seguida, Marianne, tremendo de remorso, exclamou: "Fiz uma coisa pavorosa, pavorosa, não esperava nada disso."

Marilyn nunca mais voltou a estar com Marianne Kris, que foi para Los Angeles a fim de discutir com Ralph Greenson o caso da paciente de ambos.

DiMaggio visitou Marilyn diariamente. Passados vinte dias, era vista radiante e mais magra na saída do hospital. Assistiu ao enterro de Mrs. Miller, sua ex-sogra; continuava amiga de seu ex-sogro Isidore Miller. Depois, partiu de férias com DiMaggio para a Flórida.

Em abril de 1961, Marilyn decidiu voltar a morar na Califórnia. Instalou-se em um apartamento de Sinatra, com quem parecia ter retomado um caso. Em maio, foi operada de sua endometrite crônica no Cedars of Lebanon Hospital. Sofria também de dores nos rins. Não agradava a Greenson que a atriz freqüentasse Sinatra (seu ex-paciente), a quem considerava uma companhia destrutiva. Segundo relatos, Marilyn bebia muito e perdia a compostura. Também saía com o presidente dos Estados Unidos.

Ainda devia um filme à Fox. Estava reticente em fazer *Goodbye Charlie*, e fez Skouras prometer que não iria persegui-la por sua recusa. A data da filmagem seguinte foi então adiada para novembro de 1961.

Em 14 de junho, Marilyn voltou a Nova York para sofrer nova operação, dessa vez retirando a vesícula biliar que tanto a incomodava. Chegou ao hospital acompanhada por DiMaggio, e foi sua meia-irmã, Berniece, quem cuidou dela na saída. Durante o ano de 1961, Marilyn foi hospitalizada cinco vezes em dez meses.[47] Fez questão de mostrar sua casa em Connecticut à sua meia-irmã que fora visitá-la no hospital. Ralph Roberts acompanhou-as. Ele conta que, quando Marilyn subiu para pegar seu casaco de pele, sentindo um cheiro de perfume desconhecido, ela o atirou imediatamente na lata do lixo. Parece que Berniece, além de voltar após quinze anos de ausência para falar da mãe,[48] também pretendia receber algum dinheiro para a educação dos filhos.

Em agosto de 1961, Marilyn voltou a Hollywood, apoiando-se em Greenson para orientar sua vida. Ia até a beira do lago Tahoe, a Cal Neva Lodge, casa de Sinatra. Freqüentava amistosamente o cunhado de Kennedy, o ator Peter Lawford, que Sinatra chamava de "*brother in lawford*".

Em 16 de outubro, a Fox deu-lhe a entender que seria dirigida por Cukor em seu próximo filme. Tratava-se de um remake de *My Favorite Wife: Something's Got to Give*. Marilyn não guardava boas lembranças desse diretor. Teria ameaçado Greenson dizendo que ia suicidar-se, julgando que Cukor não gostava dela pelos problemas durante as filmagens de *Adorável pecadora*.

A Fox, por sua vez, ia muito mal — sem dinheiro, entre outras coisas, por causa das filmagens de *Cleópatra* e dos caprichos de Liz Taylor. Skouras estava doente. O estúdio sentia os efeitos do sucesso da televisão, a decadência do sistema hollywoodiano e as lutas internas entre as direções de Los Angeles e Nova York.

Em outubro, Ralph Greenson decidiu cercar Marilyn vinte e quatro horas por dia, e pediu-lhe que se separasse de seu querido massagista Ralph Roberts. Ela obedeceu a contragosto. Greenson propôs-lhe como governanta Eunice Murray, uma ex-enfermeira psiquiátrica — fato que Marilyn ignorava. Dizem que era uma pessoa "estranha que resmungava sem parar".[49]

Nessa época, Marilyn era recebida pelos Greenson como se fosse da família, fora de suas sessões de análise diárias ou bidiárias: ia à casa deles para jantar, assistir a saraus musicais e se encontrar com amigos. Também saía com a filha do dr. Greenson.

Os biógrafos relatam que Greenson pertencia ao Komintern, sendo responsável secreto pelo Conselho das Artes, Ciências e Profissões Liberais, enquanto seu colega e amigo, o dr. Hyman Engelberg, que receitava remédios para Marilyn, era um membro clandestino do Partido Comunista.

Greenson, conselheiro técnico no âmbito de certos filmes, tinha muita influência dentro da Fox. O contrato que Marilyn assinara em 1955 estipulava que ganharia 100.000 dólares por filme. Ora, ela ainda devia um filme para cumprir as exigências de seu contrato. Nessa ocasião, essa soma ainda era ridícula em relação aos outros atores (que ganhavam cerca de 700.000 dólares). Por que Marilyn, a melhor bilheteria, era sempre menos bem paga que os outros? Por que seu advogado, cunhado do psicanalista, não a defendia com mais empenho? A história das filmagens de *Something's Got to Give* parece muito complicada, presa de um turbilhão que transcende o universo do cinema.

De uma hora para outra, David Brown, diretor do estúdio e produtor, foi substituído por Henry Weinstein na produção do filme, sem o consentimento nem o parecer de Cukor, que ficou furioso. Tudo indica que foi Greenson quem, por debaixo dos panos, orquestrou essa mudança. Era ligado a Weinstein pelo lado da irmã deste, que dirigia o Komintern em Londres. Era como se Greenson garantisse a docilidade de Marilyn, e o estúdio, em contrapartida, consentisse em mudar de produtor em favor de Weinstein. Greenson, por sua vez, foi contratado oficialmente como consultor técnico. Os documentos do estúdio registram diversas conversas telefônicas noturnas entre o psicanalista e membros importantes da Fox e seus advogados. Além disso, Shulman, que reescrevia o roteiro, foi substituído por Nunnally Johnson, que Marilyn conheceu na ocasião.

Nessa época, quando oscilava muito entre seus diferentes amantes e sofria demais com o divórcio de Miller, Marilyn dependia inteiramente dos conselhos de Ralph Greenson, que a recebia com freqüência. Ele desmarcava diversos compromissos ou encontros para receber a estrela, mais na casa dele que no consultório, e parece ter manobrado para cercar Marilyn de pessoas ligadas a ele. Aconselhou-a então a comprar uma casa em Los Angeles. Ela mostrou-se reticente, dizendo que se sentia mais à vontade em Nova York ou na região de Connecticut. Mas o psicanalista insistiu e pediu a Mrs. Murray que procurasse um imóvel para ela. Em janeiro de 1962, acharam uma mansão, que ela visitou pela primeira vez com Greenson e que logo comprou, com os *royalties* de seus dois filmes precedentes e mais um empréstimo. O negócio foi orquestrado por seu advogado, Mikey Rudin. Dizem que ela teve um momento de hesitação antes de assinar a compra, em um subúrbio de Brentwood, de uma *hacienda* de estilo espanhol, semelhante à de seu psicanalista. Diante da porta de entrada lia-se a seguinte divisa: "*cursum perficio*" ("caminho percorrido"). Essa expressão de múltiplos sentidos, inscrita antes da compra, também significa: finalmente encontrei o lugar onde viver, onde parar, onde ficar, onde morrer.

Marilyn foi para Nova York discutir seu próximo papel com Lee Strasberg. Lá, ao saber do futuro casamento de Arthur Miller com Inge Morath, correu para o ex-sogro, Isidore Miller, a fim de se reconfortar. Foi por ela que ele ficou sabendo que o filho iria se casar. De lá, Marilyn foi para o México, comprou móveis e objetos de arte para a casa nova, deu entrevistas e esteve com pessoas ligadas ao Komintern, em particular um certo Field, suspeito de ser agente comunista. Teve um caso com um jovem roteirista mexicano, dito "de esquerda", amigo de Buñuel, e foi vigiada pelo FBI durante essa temporada. Don Wolfe registra um documento censurado datado de 6 de março de 1962, proveniente do escritório do México, que classificava Marilyn Monroe como ativista "nacional-comunista".[50] No México, Marilyn não sentia necessidade alguma de soníferos, mas, no dia em que voltou para a Califórnia, tomou uma dose pesada. Retornou a Los Angeles para receber o prêmio Golden Globe como a "estrela mais popular do mundo". O pânico voltara. Chegou à cerimônia titubeante, voz pastosa, escoltada pelo amante mexicano. O conjunto causou má impressão. Mas ela não se deixava desmontar com facilidade.

Apresentou-se pontualmente para a reunião que concretizava seu acordo com a Fox para atuar em *Something's Got to Give*.

Sinatra mandara construir uma pista de aterrissagem para receber Marilyn e John Kennedy. Bob Kennedy julgou aquela visita inconveniente, justamente no momento em que ele lançava uma ofensiva contra o crime organizado. Lawford foi encarregado de avisar Sinatra sobre a suspensão da visita do presidente. Com raiva, Sinatra destruiu a golpes de picareta sua pista de aterrissagem novinha em folha. Marilyn e o presidente foram obrigados a se encontrar em outro lugar.

Greenson precisava ir à Europa e hesitava em partir, considerando as complicações que cercavam sua paciente e achando que ela não conseguiria viver sem ele. Em 10 de abril de 1962, Marilyn, "em plena forma", apresentou-se no estúdio para o início das filmagens, como previsto. Provou figurinos e maquiagens, mas Cukor não estava lá, atitude pouco correta para um primeiro dia. Marilyn considerou o gesto uma afronta, e na manhã do dia seguinte não se levantou. Assim que recebia uma ofensa, por menor que fosse, tomava qualquer coisa para acalmar sua angústia e mergulhava no torpor.

Na realidade, George Cukor adiara o início das filmagens a fim de que outra pessoa reescrevesse o roteiro: Walter Bernstein. Marilyn aproveitou para ir a Nova York assistir a uma festividade com a presença do presidente e preparar seu papel com Lee Strasberg. Na volta, descobriu as mudanças no roteiro, muito pior que o de Johnson.

Na nova versão, Ellen Arden (Marilyn), casada e mãe de dois filhos, é cortejada pelo patrão de Nick, seu marido (Dean Martin). Ela imagina que arruinou a carreira do marido por aceitar os assédios do patrão. Humilhada, foge para o Extremo Oriente, com escala no Havaí. Mas perde a baldeação em Honolulu, uma sorte, porque o avião cai no Pacífico. Vive no Havaí durante cinco anos, provavelmente com um homem, quando então lhe dá vontade de rever os filhos. Volta para casa, enquanto o marido, julgando-a morta no acidente de avião, acaba de oficializar seu falecimento e de se casar de novo.

Há uma montagem de cerca de trinta minutos realizada muito tempo depois das filmagens (em 2001).[51] Nesse fragmento, assistimos ao anúncio da morte de Ellen, ao novo casamento de Nick e, em seguida, à chegada de Ellen em casa. O cachorro reconhece a dona, ao contrário dos filhos, que não se lembram da mãe. Ela tenta se passar por uma criada, mas, claro, seu marido, terrivelmente embaraçado, reconhece-a na hora. O imbróglio mistura episódios de disputa por seguros de vida e ciúme, uma vez que o marido pergunta pelo amante que ela teria encontrado na "ilha deserta" em que fingia estar presa durante todos aqueles anos. Ela então escolhe um sapateiro para fazer o papel do improvável companheiro da ilha deserta. Ellen toma um ruidoso banho de piscina à meia-noite para obrigar o marido, impotente com a nova esposa, a dizer a esta que sua mulher está viva e simplesmente voltou para casa e que, a partir daquele momento, ela seria a nova babá!

Marilyn chegou a pensar em não fazer o filme — pelo menos é o que deixam a entender as manobras de seu advogado, cunhado de Greenson, que declarou encerrado o contrato da atriz. No primeiro dia de filmagem, mandou avisar que estava resfriada. Cukor e o estúdio, convencidos de que ela estava fingindo, enviaram médicos, que confirmaram a doença;

a governanta também atestou de boa-fé que ela pedira a limusine de manhã, mas que seu estado a impedira de sair.

Quando Marilyn se apresentou no set, desmoronou após uma hora e meia de trabalho. Cukor teve então de rodar cenas em que ela não aparecia. O estúdio estava impaciente e pressionava o psicanalista, lembrando-lhe seu compromisso de domar a estrela. Em 10 de maio, Greenson partiu para a Europa, e sua ausência foi muito criticada.

Em 14 de maio, Marilyn retomou as filmagens. Nesse dia, teve de contracenar com o cachorro, que era teimoso e errava, sendo preciso refazer a cena diversas vezes. Marilyn estava sorridente e muito paciente. Essas cenas são verdadeiras provas de submissão. Como mostra a indignação de Henry Weinstein no documentário de 2001, foi um erro mandá-la trabalhar com o cão, afinal tratava-se da volta ao cinema da maior estrela da época, e convalescente. Era claramente uma estratégia de humilhação. Com o apoio de Paula Strasberg, Marilyn continuou o trabalho nos dias seguintes. Mas todos sabiam que ela devia estar em Nova York no dia 19 de maio para cantar no aniversário do presidente, ausência já prevista em contrato e autorizada por Henry Weinstein. Subitamente, este mudou de opinião e a intimou a não se ausentar, enviando-lhe inclusive uma carta oficial com ameaças de demissão caso abandonasse o set. Era evidente que ela iria de qualquer jeito. Várias personalidades políticas, particularmente democratas que não viam com bons olhos o relacionamento do presidente com a estrela, desaconselharam Marilyn a comparecer. Bob estava entre eles. Apesar disso, um helicóptero foi buscá-la em pleno set de filmagem, durante uma pausa: ela subiu com sua *coach* e seu assessor de imprensa. Foi a Nova York cantar no Madison Square Garden.

Apareceu, atrasada como de costume, em um vestido reluzente justíssimo que praticamente a impedia de andar. No microfone, Lawford anunciara por diversas vezes em vão sua chegada, o que deu um caráter cômico a sua apresentação: quando Marilyn apareceu, Lawford não a esperava mais. Disse então ao microfone: “E agora, a *late* Marilyn Monroe!” O que significa “a atrasada”, mas também “a defunta”!

Diante de uma multidão em suspense, Marilyn começou por fazer uma viseira com as mãos para atenuar a iluminação dos projetores e enxergar aquele a quem dedicava seu show. Trouxe à tona uma voz sensual e doce para articular de forma eroticamente extenuada seu frágil e sussurrante "*Happy Birthday Mr. President*...", momento de criação inusitada, íntima, totalmente espontânea. Essa performance correu o mundo e se tornou lendária. Depois, para acompanhar a chegada do bolo, qual uma alegre dona-de-casa, ela arrastou a platéia com sua canção, saltitando como uma garotinha. Kennedy agradeceu e acrescentou: "Já posso me aposentar da política agora que cantaram 'Happy Birthday' para mim com tanta delicadeza e naturalidade." Não resta dúvida de que foi Kennedy quem bateu o pé para que Marilyn cantasse para ele naquela ocasião tão controversa. Foi ele quem a impôs de forma insensata.

Durante a recepção que se seguiu, Marilyn teve uma reuniãozinha particular animada com os dois irmãos Kennedy, encontro cujas fotos foram todas destruídas pelos serviços de inteligência, exceto uma. Dizem que ela passou a noite com o presidente, indo encontrá-lo no hotel Carlyle através de corredores ocultos. Nunca voltaria a se encontrar com John Kennedy.

Foi um episódio muito comentado. Marilyn havia feito uma performance tão inspirada — "vulgar", "tórrida", segundo as más-línguas — que os rumores de seu caso com Kennedy ressurgiram com força.

Às seis horas da manhã de segunda-feira Marilyn estava pronta para filmar. Pediu que acrescentassem um filtro à câmera para amenizar as marcas do cansaço. No dia seguinte, rodou a célebre cena da piscina, em que Ellen toma um banho à meia-noite para tirar o marido do leito conjugal onde dorme com sua nova mulher (Cyd Charisse). Marilyn devia usar um maiô cor-de-pele, que acabou tirando depois de pedir que evacuassem o set, exceto os fotógrafos e os câmeras que captaram imagens durante cerca de quatro horas. Improvisou, nadou, fez piruetas, caiu na risada. Estava entusiasmada, alegre, animada, marota. Inventou a situação. As imagens, excelentes, deram a volta ao mundo, capa de setenta e duas revistas em trinta e dois países. Marilyn estava certa de que daquela vez tinha dado a resposta a Liz Taylor, que arruinara a Fox com *Cleópatra*. Os executivos da companhia estavam encantados. No estúdio, o bom humor transformou-se em otimismo.

Em 24 de maio, Hoover, diretor do FBI, solicitou uma reunião com o presidente Kennedy. No mesmo dia, a equipe da Casa Branca teve como norma não passar mais as ligações de Marilyn Monroe. Há fortes

“Trouxe à tona uma voz sensual e doce para articular de forma eroticamente extenuada seu frágil e sussurrante *‘Happy Birthday Mr. President...’*.”

indícios de que Hoover tenha se aproveitado do risco representado pela presença de Marilyn na festa de aniversário para transmitir ao presidente informações sobre sua classificação como "nacional-comunista" pelo FBI, a fim de chantagear os Kennedy a respeito das supostas relações "políticas" de Marilyn. E Greenson, conhecido ativista de esquerda, com sua rede de amigos e parentes, também estava em sua mira. O que explica sua supervisão em todos os níveis.

Marilyn continuou eufórica durante as filmagens daquela semana. Porém, na segunda-feira seguinte, faltou. Ninguém sabe o que ela fez no fim de semana. Segundo a versão de Don Wolfe, a assessora de imprensa Pat Newcomb manteve Marilyn sob observação em sua casa à base de calmantes. A atriz não saiu do quarto o dia todo, mas na terça foi trabalhar. Dizem que procurou desesperadamente falar com Sinatra. Em 1º de junho, quando completava trinta e seis anos, a equipe preparou bolo e champanhe. Quando alguém quis trazer o bolo, foi proibido: era preciso aguardar até as dezoito horas em ponto, horário regulamentar para interromper o trabalho e fazer a festa, que foi modesta e simples. Mais uma vez, as autoridades do estúdio mostraram-se mesquinhas e humilhantes com Marilyn, que, além de lhes proporcionar rios de dinheiro, fazia um trabalho de qualidade.

Na outra segunda-feira, uma sinusite impediu a atriz de trabalhar. Cukor, claramente irritado, exigiu que a estrela fosse substituída. Mandou dizer à maliciosa jornalista Hedda Hopper que Marilyn "tinha acabado". Corria então o boato de que John Kennedy terminara com ela, e que Lawford e Bob Kennedy estavam encarregados de tratar o espinhoso problema de Marilyn, que agora perturbava abertamente o presidente. Trouxeram Greenson da Europa às pressas. Ele foi imediatamente recebido pelas autoridades do estúdio e renegociou, na presença do cunhado, o advogado, as condições de retomada do trabalho de Marilyn. Greenson se notabilizava por fazê-la completamente dócil. Apesar disso, em 8 de junho, ela foi oficialmente dispensada: as autoridades de Nova York assim haviam decidido, passando por cima dos figurões de Los Angeles. Os esforços de Greenson haviam sido nulos. Voltara para nada.

A atitude do estúdio parece incompreensível, uma vez que dias antes Marilyn fizera um grande sucesso com a cena da piscina. É surpreendente que tenha sido excluída com tão pouca consideração. Utilizava-se o argumento sutil de seus atrasos, mas eram claramente outros imperativos que presidiam a ordem de exonerá-la. Ela era evidentemente o alvo incandescente de diferentes forças, tanto no nível do poder político quanto no nível da direção da Fox. Sua excelente performance não contava a seu favor.

Afirmações degradantes surgiram na imprensa. Queriam fazê-la passar por doente mental, aquela que fazia os técnicos perderem o emprego. Buscavam destruir sua imagem e sua carreira. Os levantamentos telefônicos registram ligações entre o Ministério da Justiça e Rosenman, presidente da Fox, logo antes de sua demissão, o que daria crédito a uma tese segundo a qual Bob Kennedy urdira tanto sua dispensa como aquela campanha infamante para obter seu silêncio. Tudo isso seria desmentido mais tarde.

Naturalmente, Marilyn reagiu e pediu socorro ao seu antigo inimigo Zanuck (ex-diretor da Fox que filmava na França *O mais longo dos dias*), que ficou furioso com os dirigentes do estúdio e chocado com o tratamento reservado à atriz. Prometeu-lhe então terminar as filmagens de *Something's Got to Give* com ela como estrela, assim que estivesse de volta à frente da companhia.

Marilyn lançou uma contra-ofensiva e concedeu entrevistas aos maiores articulistas, além de fazer uma série de fotos. Ditou uma centena de telegramas aos atores e técnicos de *Something's Got to Give*, explicando que lamentava a interrupção das filmagens. "Um ator deve ser um instrumento sensível", escreveu. "Isaac Stern afaga o seu violino. E se todo mundo começasse a pular em cima de pés juntos?" Compara-se a um violino pisoteado.

Fez uma sessão de fotos com George Barris para a *Cosmopolitan* e com Bert Stern para a *Vogue*. Maryman a entrevistou para a *Life*. O estúdio foi tomado por cartas de protesto. E quando Dean Martin soube que Cukor resolvera substituir Marilyn, decidiu largar as filmagens. Dean Martin era da turma de Sinatra. A Fox pressionou-o, mas ele não cedeu. Sua atitude foi manchete dos jornais. Sorrateiramente, Zanuck, de volta a Nova York, readquiriu as ações da Fox para retomar a direção do estúdio.

Em 23 de junho, Marilyn esteve novamente com Bob Kennedy na casa dos Lawford. Recebeu-o sozinha em sua casa no dia seguinte.

Isolaram-se para conversarem no jardim. Em 25 de junho, Bob telefonou para o presidente da Fox, Samuel Rosenman. E Levathes recebeu ordens no sentido de renegociar o contrato de Marilyn para a retomada das filmagens. Qual fora o preço? Devemos imaginar que Bob Kennedy cedeu diante da pressão da opinião pública, e particularmente de Sinatra, sob a condição de que ela abandonasse o meio político? Marilyn teria demonstrado que era inofensiva e que Hoover chantageava os Kennedy? Levathes foi até a casa da estrela negociar as condições para a retomada das filmagens. Marilyn recebeu-o como mulher de negócios, pontual, sóbria, precisa e exigente. Levathes ficou impressionado ao ver à sua frente alguém oposto à imagem degradada que a imprensa de seu próprio estúdio criara. Aceitou um remanejamento do roteiro em função dos anseios de Marilyn. Ela devia receber um milhão de dólares pela conclusão de *Something's Got to Give*, e, além disso, fazer uma comédia musical, *What a Way to Go*. Combinaram de voltar ao script de Johnson e desistir de Cukor. Um outro diretor aprovado por Marilyn foi contratado.

Em 4 de julho, em um ambiente de reconciliação, Bob Kennedy e Marilyn voltaram a se encontrar na casa dos Lawford. O que disseram um ao outro nesse dia tornou-se um caso de "segurança nacional".[52] A Fox foi pressionada a assinar e engrenar as filmagens. Mas o advogado de Marilyn multiplicou as manobras para adiar as negociações. Marilyn sabia que Zanuck trabalhava para derrubar o poder no estúdio e tomar as rédeas. Ninguém duvidava dessa possibilidade. Se Zanuck reassumisse a direção da Fox, Marilyn escaparia do clã Kennedy.

Em julho de 1962, a crise dos mísseis cubanos pôs o mundo à beira do abismo. O FBI e a CIA continuavam interessados em Marilyn. Sua casa estava sob vigilância eletrônica. As relações que ela manteve com Field, suspeito de ser agente comunista, sobretudo no México, preocupavam os serviços de inteligência. Quando foi a Nova York em julho de 1962, Field hospedou-se no apartamento da estrela. O chefe do FBI externou suas preocupações ao ministro da Justiça, que se recusou a comentar o assunto com Marilyn.

Marilyn via Greenson diariamente e recebia injeções de tranqüilizantes. Naquele momento, os médicos — assim como os Kennedy — só queriam uma coisa: que Marilyn ficasse tranqüila.

Marilyn suspeitava de que estava sendo espionada. Não ignorava que sabia muitas coisas sobre os irmãos Kennedy, por exemplo sobre suas relações com Sam Giancana. E, para coroar, presenciara discussões políticas com Bob Kennedy. Sugere-se também que o presidente comentara um caso delicado com ela. Após ter escutado as gravações, alguém disse: "Trata-se de um acontecimento fenomenal, que teria mudado o mundo: a hipótese dos bombardeiros anônimos enviados para destruir as instalações nucleares chinesas."[53]

Naquele mês de julho de 1962, será que Marilyn, sabendo-se perigosamente na encruzilhada das ambições políticas, julgava ter forças suficientes para esperar a provável mudança de poder na direção da Fox? Inquietava-lhe não saber por que os Kennedy lhe opunham tamanhas barreiras. Ao mesmo tempo, deixava a entender que podia fazer revelações caso a tratassem muito mal. Que estas fossem de ordem privada não seria seu estilo,[54] sendo conhecida por nunca falar mal de ninguém.

Em 25 de julho de 1962, Zanuck foi eleito presidente da Fox após uma sórdida briga entre os diretores, que pediram demissão. Skouras substituiu Rosenman no conselho de administração. Marilyn assinou seu contrato. Conseguiria sair das garras daqueles que, na Fox, dependiam dos Kennedy?

Silêncio e morte

16

No fim de semana seguinte à assinatura do novo contrato, finalmente vantajoso, Frank Sinatra convidou Marilyn para festejar o acontecimento na casa dele, em Cal Neva Lodge: levou-a em seu avião particular e ela desembarcou em uma área privada. O nome de Marilyn Monroe não estava inscrito nos registros. Ela teve medo. Peter Lawford e sua mulher foram convidados — excepcionalmente, uma vez que, depois da vergonha passada pelos Kennedy, Sinatra recusava-se a rever Lawford. Devia haver imperativos superiores para justificar a presença do casal. Sam Giancana estava lá. Muitos depoimentos e hipóteses foram levantados sobre esse terrível fim de semana. A partir deles fica claro que todos tinham interesse em calar Marilyn, temendo que abrisse a boca. Dizem que foi drogada e estuprada por aqueles cavalheiros na frente de todos. Em sórdidas orgias, Marilyn foi fotografada em situação bastante comprometedora.[55]

Sinatra proibiu a entrada de DiMaggio, a quem provavelmente Marilyn tentara recorrer. De madrugada, Lawford levou Marilyn embora num estado lamentável. O motorista da limusine conta que teve de parar o carro para que Lawford telefonasse de uma cabine. Mais tarde se saberia que a ligação fora para a Casa Branca.

Marilyn não disse uma palavra sobre esse pesadelo, o que é incrível. Reagiu, tentando renascer. Pôs em andamento diversos projetos e organizou seu trabalho, suas viagens etc. Pediu a um detetive particular, Fred Ostash, que instalasse escutas em sua casa, mas este já o fizera, sem avisá-la, para outro mandante, cuja identidade ignoramos. Don Wolfe acha que devia ser a contra-espionagem procurando provas contra os Kennedy. Sinatra recebeu os negativos provavelmente destinados a garantir o silêncio da estrela. Como o FBI vigiava Giancana, esse horrível relato foi corroborado pelos serviços de inteligência. O pesadelo era verdadeiro! É inacreditável que seus amigos e protetores Sinatra e Lawford tenham empurrado Marilyn para tal armadilha. As razões reais ou supostas deviam ser terríveis. Ela se calou.

Marilyn começou a querer livrar-se daqueles que lhe haviam sido indispensáveis. Deu a Paula Strasberg uma passagem de ida para Nova York. Também planejava despedir Pat Newcomb, sua assessora de imprensa, amiga dos Kennedy, bem como Eunice Murray, sua governanta, amiga de Greenson, e provavelmente até mesmo o próprio Greenson. Talvez se achasse forte o suficiente para prescindir de todas aquelas pessoas de comportamentos ambíguos e dissimulados, ao mesmo tempo colegas, espiões e interesseiros. Julgaria ter o poder exorbitante de fazer recuar os que a ameaçavam?

Em 3 de agosto, uma sexta-feira, jantou na casa dos Lawford com Pat Newcomb, voltou bêbada e terminou a noite com uma discussão com a assessora de imprensa. Marilyn sabia que Bob Kennedy estava nas imediações, mas não conseguiu encontrá-lo. Tinha graves problemas de sono. No sábado, a discussão entre as duas mulheres recomeçou no mesmo tom; ignora-se o motivo. Dizem que estava com inveja de Pat por ela ter dormido bem. É muito provável que a altercação se referisse aos Kennedy. No fim da discussão, Pat foi demitida, mas não partiu imediatamente. Eunice também foi mandada embora e chamou Greenson, pedindo-lhe que fosse até lá. A governanta, porém, fez as malas.[56]

Segundo as investigações de Don Wolfe, no início da tarde daquele sábado, 4 de agosto, um helicóptero deixou Bob Kennedy na Fox, onde Lawford o aguardava. Os depoimentos que atestam esse fato foram publicados muito tempo depois da morte de Marilyn.

Segundo Norman Jefferies, factótum de Marilyn e genro de Eunice Murray, Bob Kennedy e Lawford chegaram entre três e quatro horas da tarde na casa da atriz. Pat Newcomb continuava lá. Ainda segundo ele, Bob Kennedy pediu-lhe que fizesse umas compras com a governanta. Quando eles voltaram, o carro do ministro partira e Marilyn, furiosa, estava com medo. As escutas teriam revelado que Bob Kennedy e Marilyn tiveram relações sexuais e discutiram com violência. Nas gravações, Marilyn dizia ter sido usada e jogada fora, tratada como um pedaço de carne! E Bob berrava: “Onde está? Onde está?” Devia referir-se à famosa caderneta vermelha em que ela anotara todas as conversas com ele. As gravações foram apreendidas em 1966, por ocasião de uma batida policial a cargo do procurador Hogan, íntimo de Bob Kennedy.[57] Continuam desaparecidas.

Greenson, chamado por Eunice, chegou e ficou duas horas com Marilyn. Segundo ele, sua paciente pretendia encerrar a "terapia" porque estava começando a "ficar cheia".

Pat Newcomb foi até a casa dos Lawford para jantar e anunciou que Marilyn não viria porque não se sentia bem. A própria Marilyn telefonou para Lawford. O que disse? Não sabemos.

Ainda segundo Don Wolfe, uma hipótese séria, baseada no depoimento do factótum, entre outros, registra a visita de três homens pouco depois das 21h30. Entre eles Bob Kennedy, que "passou diretamente pela janela para entrar na casa de Marilyn". Jefferies viu os três homens entrarem na casa. Bob Kennedy também lhe pediu que saísse com Eunice, o que fizeram. Às 21h30, o amante mexicano telefonou por coincidência de um bar para a casa de Marilyn. Ela lhe disse frases como "alguma coisa escandalosa... alguma coisa que, um dia, será um choque para o mundo inteiro". Há um barulho de porta e Marilyn se afasta e não retorna, deixando o aparelho fora do gancho. As gravações mostram Bob dizendo: "'Temos que saber, precisamos encontrar, é importante para a família...' (barulho de busca nos armários... livros revirados). Uma voz diz: 'Calma!' e Marilyn grita: 'Saiam!', seguindo-se ruídos de objetos caindo e tentativas de acalmá-la e levá-la para a cama."[58]

Por volta das 22h30, Marilyn ligou alarmada para Lawford. Teria dito: "Diga adeus ao presidente!" Quando Lawford quis retornar a ligação, os telefones estavam todos ocupados. Telefonou imediatamente para uns amigos, os Naar, e pediu a Joe Naar que fosse até a casa dela ver o que estava acontecendo. Logo depois, porém, Lawford ligou novamente para Naar para lhe dizer que estava tudo bem, que não precisava se deslocar. Nesse ínterim, tudo indica que Lawford fora aconselhado (por quem? Mrs. Murray? Pat Newcomb?) a não alertar ninguém. Temendo que soubessem que o ministro da Justiça estava na casa dela, era preferível não dizer nada e ele mesmo se dirigir ao local.

Na última parte das gravações, fala-se de "organizar um socorro a partir da casa de Marilyn, assim que Bob Kennedy houver deixado as imediações. Marilyn está em coma."[59]

Quando Jefferies e Eunice retornaram, Marilyn estava "nua, atravessada no sofá" da sala de visitas, "de bruços, parecia tentar desligar o telefone, tinha uma cor horrível, como se estivesse morta". Segundo essa versão, teria sido envenenada por Bob Kennedy e seus homens. Eunice chamou uma ambulância e Jefferies foi até o portão aguardar, quando avistou Peter Lawford e Pat Newcomb, que já estavam lá. "Pat começou a gritar", ele disse.

Vinte anos depois (novembro de 1982), a *Globe* publicou uma entrevista com o enfermeiro da ambulância, James Hall. Segundo ele, encontraram Marilyn nua, em coma (respiração e batimentos cardíacos quase imperceptíveis, pulso fraco e acelerado). Depositaram-na no chão e a entubaram. Pat Newcomb gritava e atrapalhava. Marilyn não tardou a respirar perfeitamente e recuperou as cores, ele declarou. Eles acharam que ela estava suficientemente estável para ser levada para o hospital. Nesse instante, porém, um homem com uma maleta de médico entrou e disse: "Sou o médico dela. Faça-lhe uma respiração boca-a-boca." Mesmo surpreso com aquela recomendação, uma vez que a entubação funcionava, Hall obedeceu e retirou o tubo, enquanto o médico fazia uma massagem cardíaca. Nenhum vestígio de vômito. Segundo Hall, o médico tentou uma injeção intracardíaca de adrenalina: "Ele injetou por um ângulo inadequado, e a agulha atingiu uma costela. Em vez de retirar a agulha, ele a pressionou. Foi nesse instante que Marilyn morreu." O médico, que não era outro senão Greenson, o psicanalista, pediu então aos enfermeiros que se retirassem. Ia declarar o falecimento. Peter Lawford estava presente, assim como um policial. Os vizinhos viram efetivamente a ambulância e o carro da polícia, a despeito das múltiplas refutações e contraversões que cercaram o depoimento do enfermeiro. Mais de trinta anos depois (1995), descobriu-se que se tratava da mesma empresa de ambulâncias que transportava secretamente os Kennedy de avião para seus encontros clandestinos (elemento suplementar que justifica o véu de silêncio e mentira que cercou esse testemunho ocular da morte de Marilyn). Alguns dizem que tentaram transportá-la para o hospital, que ela morreu no caminho e foi levada imediatamente de volta para casa.

Greenson devia querer salvar Marilyn. No entanto, teria autoritariamente interrompido um tratamento adequado e a matado, ou melhor, finalizado.

Há relatos de que uma mulher berrou "assassinos, assassinos!" — possivelmente Pat Newcomb. Às 22h45, Pat telefonou para Arthur Jacobs, seu patrão, a quem importunou em pleno concerto ao ar livre no Hollywood Bowl, para lhe dizer que Marilyn Monroe morrera. O casal Jacobs deixou o concerto, e Arthur Jacobs foi para a casa da estrela a fim de se encarregar da imprensa.

Sabemos agora que Marilyn morreu por volta das 22h40 em sua própria casa, no chão da sala de visitas, e não à meia-noite em seu quarto.

Comenta-se que em seguida houve um vaivém incessante de policiais. Incontáveis pessoas revistaram a casa de ponta a ponta, gavetas abertas, documentos apreendidos. Uma multidão frenética entrou, e segundo os vizinhos e Jefferies, instalou-se um clima de grande agitação. Depois reinou o silêncio, já tarde da noite. Marilyn foi transportada para sua cama, em seu quarto, onde foi colocada de bruços e atravessada como fora encontrada antes da morte, uma das mãos agarrada ao fone do aparelho fora do gancho. Restavam como evidências um vidro de Nembutal vazio e caixas de comprimidos na mesinha-de-cabeceira.

Pouco antes da meia-noite, um carro foi detido por excesso de velocidade. O policial reconheceu em seu interior o ator Peter Lawford, o ministro da Justiça Bob Kennedy e, como admitiria mais tarde, um terceiro homem que era de fato o psicanalista Ralph Greenson. Que faziam os três juntos logo após a morte de Marilyn Monroe? Podemos supor que acompanhavam Bob Kennedy, que devia se afastar o mais rápido possível da casa da estrela. Certamente combinavam a versão oficial a ser veiculada. Embora o episódio do carro detido nunca tenha sido questionado pelos investigadores, ele é mais que eloqüente, uma vez que coloca Greenson como cúmplice dos Kennedy e disposto a dar crédito, do alto de sua autoridade médica e do sigilo profissional, ao diagnóstico de suicídio. Além disso, estaria se protegendo de várias acusações, entre elas a do vínculo com o Komintern e do fato de não ter sido capaz de controlar a estrela e não a ter salvo.

Mas voltemos à cena da morte. Por volta de 4h25 da manhã do domingo, 5 de agosto de 1962, o falecimento pôde ser anunciado, uma vez que Bob Kennedy já estava com sua família, bem longe do local crítico. O dr. Engelberg chamou a polícia e declarou: "Marilyn Monroe morreu, ela se suicidou." Foi a governanta quem recebeu o sargento Jack

Clemmons. No quarto, Marilyn jazia deitada em diagonal, um lençol na cabeça, a mão segurando o telefone desligado. Os dois médicos, Greenson e Engelberg, estavam presentes e disseram juntos: "Ela se suicidou." Estava tão reta e tão rígida que o policial percebeu imediatamente que fora deslocada.

O policial colheu a versão oficial. Greenson e Eunice Murray apresentaram a mesma história: pouco depois da meia-noite, a governanta, tendo visto uma réstia de luz sob a porta da patroa, bateu sem receber resposta e tentou entrar no quarto, que estava trancado por dentro. Preocupada, chamou o dr. Greenson. Como Marilyn também não lhe respondeu, o médico foi obrigado a quebrar uma vidraça da janela para entrar no quarto. Encontrando-a morta, disse, voltando-se: "Nós a perdemos." Quando o policial perguntou por que haviam esperado tanto tempo para avisar a polícia, Greenson afirmou que precisava da autorização do serviço publicitário da Fox antes de alertar alguém. Máquinas de lavar roupa ainda funcionavam, espantou-se o policial. Ele observou também que não havia copo no quarto e que a água do banheiro contíguo estava cortada em função de obras. Os médicos confirmaram que ela não recebia outro tratamento a não ser remédios ingeridos por via oral. Todos esses primeiros enigmas, sem falar da sensação de que estavam lhe contando mentiras, causaram forte impressão no policial, convencido de que a versão oficial era completamente falsa. Clemmons foi exonerado da polícia pouco depois.

Não podemos entrar em todos os detalhes das minuciosas investigações realizadas e ainda em curso nos dias de hoje, uma vez que todas as tentativas de recurso aos tribunais e de realização de documentários exaustivos sobre o caso foram abafadas, inclusive as mais recentes. Em todos os níveis, instâncias superiores sempre impediram a revelação de determinadas provas e vestígios: desaparecimento dos órgãos extraídos durante a autópsia; escolha deliberada de um médico novato para fazer esse procedimento; desaparecimento das escutas telefônicas, e da famosa caderneta vermelha (após ter sido lida por alguns); destruição de papéis apreendidos na casa, censura de documentos oficiais; desaparecimento dos levantamentos telefônicos do dia de sua morte e da noite seguinte (após terem sido estudados por alguns). Segundo testemunhas, o telefone foi usado o tempo todo por ela enquanto ainda vivia e pelos outros depois que ela morreu. Desapareceram também as gravações privadas, que, não obstante, foram ouvidas por alguns.

Na Biblioteca do Congresso em Washington, tentamos consultar as cartas enviadas por sua psicanalista nova-iorquina Marianne Kris à sua amiga de infância Anna Freud. Dessa correspondência, foram expurgadas intencionalmente todas as cartas em que se menciona Marilyn Monroe, sem explicação alguma. O acesso às cartas referentes à atriz está bloqueado. Da mesma forma, entramos em contato com a biblioteca da Universidade de Los Angeles, que guarda os papéis de Ralph Greenson. Mesma situação: a correspondência entre os dois psicanalistas, Greenson e Kris, está expurgada, e as cartas referentes a Marilyn não estão disponíveis para consulta. Não se sabe se o bloqueio é decisão dos serviços secretos ou dos representantes de Greenson ou Marianne Kris. Os curadores não dão explicação. A opacidade que o interdito político impõe aos rastros da vida da estrela constitui um peso que torna sua morte ainda mais misteriosa. Esse véu de silêncio impõe-lhe várias mortes.

O elemento importante é que, apesar de todas as diversas tentativas de mascarar a verdade da investigação, a autópsia revelou altas doses de Nembutal (pentobarbital) e de hidrato de cloro no sangue e no fígado. Nenhum vestígio de comprimidos no estômago ou nos intestinos. Marilyn teria recebido esses venenos mortais pela veia, "uma overdose por injeção", ou por lavagem (o cólon estava muito descolorido e congestionado). As máquinas de lavar ainda funcionavam naquela noite, o que reforçaria a hipótese de lavagem retal. Tratar-se-ia então de envenenamento por overdose de um produto introduzido por vias já utilizadas. Se porventura se tratasse de um assassinato, este teria sido inicialmente tomado por engano na prescrição médica ou por suicídio acidental. E foi rapidamente mascarado como suicídio voluntário para, no pânico, inocentar os Kennedy diretamente visados.[60]

O depoimento de Jefferies veio muito tarde (1993), e ele foi o único (ao lado de sua sogra Eunice Murray, em 1983) a ter realmente afirmado que Bob Kennedy estava na casa de Marilyn às 21h30 acompanhado de dois homens e que, logo depois, ela foi encontrada moribunda. Parece muito audacioso o ministro da Justiça ter-se deslocado em pessoa para ajustar suas contas com Marilyn. Se esteve lá pessoalmente, foi para obter alguma coisa dela. Ainda que esse depoimento tardio de Jefferies fosse falso, podemos imaginar a cena: Marilyn, muito nervosa, com raiva, pede a Mrs. Murray uma injeção de tranqüilizantes ou uma lavagem, e, na seringa ou no recipiente, é introduzida uma dose maior do que a receitada normalmente pelos médicos. (Sabemos que durante um fim de semana misterioso, Pat Newcomb drogara Marilyn com substâncias levadas por ela.) Uma dose não mortal prevista por Marilyn, ou para Marilyn, teria sido aumentada com o objetivo de fazê-la dormir mais ou, quem sabe, matá-la. (Pat Newcomb mentiu muito sobre suas andanças na noite da morte de Marilyn.) Jefferies, os doutores Greenson e Engelberg e o enfermeiro Hall teriam acreditado a princípio mais na morte acidental que no suicídio. O dr. Engelberg afirmou posteriormente que, se Marilyn ligara para Lawford depois das 22h30, isso provava que não queria morrer, disso ele tinha certeza.[61] Sete dias depois da morte de Marilyn, Pat Newcomb foi fotografada sorridente em um iate, usando a jaqueta do presidente Kennedy, que também sorria. Se não foi o próprio Bob Kennedy quem "suicidou" Marilyn, poderia ter sido Pat Newcomb (versão Don Wolfe) ou a CIA em conluio com a Máfia a fim de comprometer os Kennedy (versão Smith) ou os médicos por erro (versão Durieux) ou Mrs. Murray sob as ordens de um mandante superior.

Evidentemente, o mais espantoso de todo esse caso foi o papel do psiquiatra-psicanalista usado para dar crédito à encenação totalmente armada da tese do suicídio voluntário. Quando ele chegou à casa de Marilyn, é provável que tenha acreditado em uma overdose involuntária, experiência que já conhecia e que punha na conta de uma espécie de autodestruição involuntária, portanto um possível suicídio acidental. Ele maquiou as circunstâncias exatas da morte de sua paciente para ocultar a implicação do poder político no caso e igualmente se proteger. De quê? De não ter conseguido salvá-la? Do fato de que podia ser considerado um subversivo? Apenas alguns dias mais tarde compreenderia seu erro, afirmando sem ambigüidade e em sigilo ao assistente do promotor distrital John Miner que Marilyn Monroe com certeza não se suicidara, "com certeza absoluta";[62] Miner forjou um ponto de vista que se sentia livre para emitir na medida em que não sabia do teor exato da conversa. "O dr. Greenson estava convencido de que miss Monroe não se suicidara, ... plenamente convencido, ... plenamente. Posso afirmar isso. Ele não pediu meu silêncio."[63] John Miner enviou um relatório ao procurador-geral e ao escritório do juiz. Quando foi interrogado em 1983, reiterou suas afirmações. E sobre o assassinato? Disse que não podia responder. Seu relatório não demorou a desaparecer dos autos. Para justificar sua tese, Greenson fez Miner escutar as últimas gravações que Marilyn lhe havia mandado (de que falaremos adiante).

Entretanto, o juiz declarou oficialmente que Marilyn Monroe "sofria há muito tempo de distúrbios psiquiátricos", evocando "seus medos profundos, suas mudanças de humor, suas freqüentes depressões... Mais de uma vez, mergulhada na depressão, tentara o suicídio e pedira socorro... Mesmo esquema dessa vez, afora o socorro..."[64] A conclusão oficial foi dada pelo juiz Curphey: "Suicídio provável." Levando-se em conta os melindres que envolvem o caso, não deveríamos ler essa conclusão como a afirmação de um "assassinato provável"? Hoje está provado que Marilyn não se suicidou voluntariamente.

Todos tinham interesse em calar Marilyn, todos quiseram mascarar as circunstâncias de sua morte e mostrar o fato aos olhos do público como suicídio voluntário. O que é enlouquecedor é perceber que mesmo aqueles que tinham interesses totalmente divergentes entre si, inimigos, convergiam ao exibir uma Marilyn doente, deprimida, drogada, e em dar crédito à tese de que ela mesma se matara em virtude do excesso de sofrimento.

Assim, ninguém assumiu a responsabilidade por essa morte chocante; todos se esquivaram a fim de recomeçar do zero e apagar Marilyn do núcleo complexo e sórdido do poder. Essa morte é ainda mais perturbadora porque se a estrela mais popular do mundo tirou sua própria vida por conta da infelicidade e do sofrimento, o mundo inteiro é responsável por sua tristeza e sua morte. E, ao mesmo tempo, como a queremos grandiosa, lhe atribuímos um ato solitário de libertação de si: o suicídio, que a faz passar para o além de maneira intacta.

Nós a amamos porque a queremos sacrificada.

Parte III

Actor´s Studio, psicanalistas e fotógrafos: avatares da aparição

ACTORS
STUDIO

17 Uma luz, um sopro

A morte de Marilyn, tão estranha, tão impossível de captar, tão contraditória, permanecerá enigmática para sempre não apenas porque as provas "objetivas" foram desviadas irremediavelmente. Nos relatos e na lenda, assassinato e suicídio continuam a se contaminar mutuamente. Como se a morte de Marilyn fosse marcada por seu estilo: a performance incessante de uma vibração intangível. Ponto nuclear da explosão e do perigo.

Coreografar as imagens de uma mulher-mulher a divertia bastante, e ela sabia fazê-lo muito bem. Os que se aproximavam dela desmoronavam vendo-a em movimento, ao passo que Marilyn não era, digamos, perfeita em relação aos cânones da estética. Não, mas vibrava por outro canal, aberto e inesgotável. É impossível enumerar todas as emoções que ela era capaz de expressar, transmitindo a sensação de que era tomada espontaneamente por elas. Sempre deslocando a rigidez da imagem, ela desanuviava nosso olhar. No excesso do visível, uma imagem fugaz e um movimento gestual punham o invisível em ação.

Tomemos como exemplo *Os homens preferem as louras*: nele vemos uma Jane Russell não apenas magnificamente bela, como excelente atriz; entretanto, aguardamos os momentos em que Marilyn, menos bela, aparece na tela. Porque Jane Russell, mesmo sendo excelente atriz, tem uma imagem saturada; captamos seus contornos, sua dicção, suas interpretações. Sua imagem está pronta, "fechada". É reconhecida por isso, amada por isso. Mas quando imita sua amiga Lorelei (Marilyn), ela se supera, porque percebemos claramente como imita a imagem "aberta" de Marilyn com uma atuação "fechada". É uma paródia soberba.

Marilyn, por sua vez, nunca está saturada. Foi inclusive criticada por isso. Enquanto outros controlam seu talento, ou julgam controlá-lo, tentando ocultar suas fraquezas pessoais e os procedimentos usados para mascará-las, Marilyn expõe o pânico, misto de grande rigor e medo do fracasso, de convicção de sua força e incerteza do sucesso.

A extravagância ou a sobriedade da composição de suas personagens, seus hábitos, suas poses, sua maquiagem, seus gestos, toda essa elaboração revela sua liberdade essencial: ela não era identificável e nada lhe pertencia. Essa visível abertura de si, como oferta de uma visibilidade do feminino, funcionou como um apelo — apelo para ser amada, adorada, amparada, ajudada, protegida, mas também explorada, subjugada, humilhada. E, no que Marilyn deixava à mostra, todos podiam descobrir o movimento de seu próprio exílio e deixar a máscara cair. Marilyn põe às claras, de forma fictícia, o que era relegado à obscuridade. Tendemos a considerar nosso próprio exílio como uma fraqueza, e queremos escondê-lo porque sabemos que outros se aproveitarão dele. Marilyn expunha-se ao perigo. Mostrava seu exílio não como tal, mas como uma visibilidade, portanto uma luz, um sopro, daí seu enigmático sucesso, que não se devia, como pensam os machistas, ao seu lado sedutor, sexy. Muito pelo contrário, é para além do invólucro, por meio do apelo ao exílio manifesto, no frêmito de um erotismo estético, que se dá a efusão amorosa incondicional. Alguma coisa de existencial é oferecida, pertence a todos, contamina. Completamente exposta e indizível, é preciso legendá-la. Marilyn foi levada por esse movimento pessoal.

A partir de 1955, já uma estrela popular, Marilyn quis controlar seu brilho, compreender quem era, colocar aquele talento inclassificável e desvalorizado a serviço de seu trabalho de atriz. Até então provocara entusiasmo mais por sua presença, sua voz e suas coreografias nos jantares de gala, entrevistas e fotos que por suas atuações no cinema. Ora, a partir do momento em que quis identificar-se e ser identificada como atriz reconhecida, Marilyn apostou em uma inteligência original, e sofreu por causa disso. Quanto mais multiplicava os apelos, mais seus sintomas tornavam-se graves, adepta que era do inevitável consumo de drogas e champanhe para enfrentar suas insônias e seu pânico de entrar em cena, o que fazia com que se atrasasse com freqüência. A que atribuir esse severo processo? Teria ela se perdido ao querer obstinadamente ser uma atriz consagrada apenas para se ver respeitada como uma dama? Haveria uma contradição entre sua impressionante presença e seu domínio da representação? Teria sido mal orientada e mal compreendida por aqueles a quem pagava para ajudá-la? Seria simples demais pensar dessa forma. Convém antes ponderar que a psicanálise e o Actor's Studio tornaram mais agudas as torturas inerentes à sua criação: Marilyn Monroe.

O método do Actor's Studio

18

No Actor's Studio, Marilyn logo viu-se tutelada e privilegiada por Lee Strasberg, a ponto de todos julgarem excessivo e pernicioso aquele investimento do professor em sua célebre aluna. Arthur Miller escreveu longamente sobre a influência quase hipnótica do casal Strasberg, e particularmente de Lee, sobre Marilyn. Susan Strasberg, filha do casal, também atriz, mais jovem que Marilyn, descreveu o quanto seus pais — sobretudo o pai — só se interessavam por ela, a ponto de negligenciarem os próprios filhos. Susan invejava sua beleza e seu carisma, ao passo que Marilyn invejava-lhe o fato de ser respeitada.[1] John Strasberg, o filho, era ainda mais amargo que a irmã em relação aos pais, convencido de que eles enganavam Marilyn e "devoravam sua energia". Sentia-se mal-amado, desprezado, abandonado por eles no meio de todos aqueles alunos prestes a se tornarem celebridades. Marilyn era muito gentil com os dois filhos dos Strasberg.

Todos os diretores, sem exceção, queixaram-se da presença e da atividade de Paula Strasberg durante as filmagens. Ela era vista como uma verdadeira calamidade. Criticavam-lhe por aumentar ainda mais os medos e o pânico da estrela ao querer tornar-se indispensável. Era inevitavelmente em torno dessa importuna, enviada pelo marido, que se desenvolviam os horríveis psicodramas nas filmagens. Marilyn acabava sempre tomando o partido de sua *coach*, contra todos.

Sabemos que Lee Strasberg desenvolvera nos Estados Unidos o sistema preconizado por Stanislavski no Teatro de Arte de Moscou para as encenações das peças de Anton Tchekhov. Segundo Stanislavski, "é preciso encontrar uma forma física da personagem correspondente a uma imagem interior que construímos dele, sem o que é impossível transmitir a própria vida dessa imagem interior". É preciso "encarnar a personagem em lugar de revivê-lo". Trata-se de desenvolver todo tipo de técnicas, relaxamento, concentração etc., a fim de ajudar o processo criativo do ator a fazer o "parto natural" da personagem. O ator torna-se assim plenamente ele mesmo. O sistema de Stanislavski pretende explorar mais de perto o processo criativo.[2]

Segundo Sarah Eigerman,[3] professora de arte dramática, discípula de Stanislavski e crítica de Strasberg, o sistema de Stanislavski repousa sobre a idéia de que

> a memória e o imaginário funcionam da mesma forma. Os exercícios de memória sensorial são como escalas. O ator deve exercitar-se, como um esportista, para desenvolver seus reflexos, a fim de estar disponível para o imaginário ligado ao texto. Ele deve usar o texto para alcançar uma experiência, é preciso vivê-la real e intensamente. A experiência de reconhecimento dos sentidos é real, ainda que não seja verdadeira. A memória sensorial é uma segunda natureza; reconhecemos as sensações automaticamente. Como uma criança, descobrimos as sensações de um objeto, as deciframos em sua ausência. Há um trabalho de relaxamento, de contato consigo mesmo, de descoberta de sua teatralidade — que tem como objetivo conhecer seu próprio processo criativo.

A transformação introduzida por Strasberg no sistema Stanislavski gerou muita discussão. Sabemos que o mestre russo prevenira seus alunos norte-americanos, desde 1934, contra o abuso de um recurso exclusivo à "memória afetiva" e aos exercícios de "memória sensorial". Strasberg operou um desvio do sistema Stanislavski com a elaboração de seu Método.

Sarah Eigerman afirma:

> Ele buscava um resultado emocional, não contextualizava, não se interessava pelas circunstâncias factuais, personalizava. Ele desenvolveu a *memória afetiva*: escolhe-se um acontecimento-chave de sua vida, um acontecimento revolucionário. Não é preciso narrá-lo, mas explica-se o que se vê, o que se sente tactilmente. Atinge-se assim progressivamente um momento de emoção intensa, como um *revival*. O exercício supostamente testa a capacidade do ator de desencadear uma experiência

real, e com isso descobrir uma espécie de reflexo para desencadear rapidamente uma experiência real intensa. Strasberg desenvolvia esses exercícios sem relação com a cena imaginária a ser representada. Para trabalhar um papel, ele inspirava-se na vida pessoal dos atores. Dizia que o texto era o inimigo do ator, opunha-se à forma "apresentacional" do teatro francês. Criava um mundo paralelo sempre pelo retorno às experiências pessoais.

O sistema Stanislavski preparava os atores para alcançar o processo criativo por meio de exercícios e para abordar o papel a ser representado em estado de disponibilidade, ao passo que o método Strasberg consistia em, por meio de exercícios, realmente trazer de volta experiências emocionais afetivas da vida pessoal do ator no desempenho de um papel que nada tinha a ver com os acontecimentos revividos.

Que diz o próprio Strasberg em seu livro *O Actor's Studio e o Método*?[4] Diz inspirar-se no teatro japonês, que prevê uma preparação ritualizada do ator. As questões de Strasberg são: como o ator pode perceber e dominar o que deve fazer no palco? como pode dominar suas sensações no palco? Seu trabalho também tinha raízes no teatro iídiche. Trata-se de encontrar os gestos "naturais", isto é, "psicológicos", de maior expressividade. O gesto deve ser marcado pela vida interior, transmitir sua vibração, ser "inspirado". Como dar a ilusão da "primeira vez"? Os termos "verdade" e "realidade" são constantemente utilizados. Elaborar o impulso criativo. Perceber uma verdade há muito tempo presente em si. Criar uma emoção verdadeira e real em um cenário fabricado, o que foi chamado de "se criador": "se" o cenário fosse verdadeiro, como eu me comportaria? Com a memória sensorial, devemos nos exercitar com objetos imaginários, os da vida cotidiana, aprender a recriar sua presença em sua ausência (xícara de café, sol, dor intensa, momento solitário, sensações globais...). O ator deve observar as ações físicas que ele desperta, suas atitudes. Para estimular a inspiração, fazer atuar a memória emocional com os cinco sentidos. Encontrar a emoção da personagem a ser representada e em seguida encontrar em si a mesma emoção, ainda que ela provenha de uma circunstância completamente diferente, e substituir uma pela outra. O ator é sugestionado por detalhes pessoais para alcançar o instante de intensa reação emocional. Deve dominar sua concentração sensorial, caso

"Marilyn já buscava em si emoções antigas e intensas para afiar e desenvolver seu talento diante da câmera."

contrário pode se deixar arrastar muito longe pela experiência emocional. O texto não deve ser decorado; mas ressurgir no momento exato, para trazer à tona a espontaneidade e a vida daquele momento. O ator deve dominar seu instinto e utilizar sua memória afetiva para criar sua realidade em cena. Sabemos que os maiores atores norte-americanos freqüentaram o Actor's Studio, de uma maneira ou de outra. Mas diz-se também que a limitação do cinema norte-americano é resultado do "naturalismo" artificial defendido pelo Método.

Atentamos imediatamente para o fato de que tal Método só podia redobrar e exacerbar as inclinações de Marilyn. Sabemos que ela tinha um impacto extraordinário que ia além das incontáveis estratégias de elaboração e de exagero que utilizava para explorar e garantir seu efeito. Eis que de repente ensinam-lhe exercícios para intensificar seu modo de criação, o que Strasberg chama de "inspiração", e logo é levada a rememorar momentos de intensa emoção e a redescobrir o gestual e as sensações correspondentes. Encontrar e observar seu próprio processo criador deviam produzir um efeito difuso sobre Marilyn, uma vez que aprimorar o que ela já sabia fazer e aprofundar isso obrigavam-na a dizê-lo antes de agir. Isso devia aumentar sua apreensão precisamente em função da pedagogia daí resultante. Falar demais paralisa o fazer.

Sugiro a hipótese de um desequilíbrio entre a experiência de imersão total no Método — aliado ao vínculo privilegiado com Strasberg (e sua família) — e a psicanálise. Não se trata da mesma catarse. No primeiro caso, trata-se de fazer reviver sensações; no outro, de ativar o relato das recordações. Assim, praticando o Método, submetida a uma poderosa sugestão, Marilyn já buscava em si emoções antigas e intensas para afiar e desenvolver seu talento diante da câmera. Com a psicanálise, seria preciso esperar um corte radical com o resto, uma anti-sugestão. Mas aconteceu o contrário. Como veremos, os psicanalistas de Marilyn insistiram na volta ao seu passado terrível. Pertenciam todos a uma orientação norte-americana de psicanálise, a Ego Psychology, que inevitavelmente utilizava a alavanca da sugestão para, por um lado, explorar as experiências infantis "traumatizantes", recalcadas, e, por outro, fornecer quase pedagogicamente modelos de vida normal e aceitável aos quais se conformar segundo os padrões que a vida confortável impunha. O analisando deve assim suprimir a angústia, supostamente ligada aos desvios da norma. Marilyn participava da louca ilusão contemporânea de acreditar que é do outro, mais notável, que provêm o reconhecimento, o respeito, a felicidade, a serenidade, o laço. Acreditar que a compreensão de si desmancha os sintomas. Ela se deixou arrastar pelo ciclo infernal do *coaching* e da compreensão.

O mal-entendido psicanalítico

19

Em 1955, Marilyn partiu para a experiência da psicanálise paralelamente ao trabalho no Actor's Studio. Teve três psicanalistas, todos ligados a Anna Freud. Ter a filha de Freud como referência significava muito para ela, pois gostava imensamente de Freud, não apenas como o inventor da psicanálise, mas como *o* homem tal como idealizava.[5] Lia muitos livros sobre psicanálise. Seus psicanalistas norte-americanos eram judeus europeus exilados nos Estados Unidos. Em fevereiro de 1955, ela consultou Margaret Hohenberg[6] em Nova York.

Ao fim do primeiro ano, Marilyn estava satisfeita, começou a se julgar e aceitar melhor. Em fevereiro de 1956, inscreveu a psicanalista como beneficiária de uma parte de sua herança.[7] Pediram à analista para estar presente durante as filmagens de *Nunca fui santa,* a fim de apoiar a paciente. Margaret Hohenberg parece ter aprovado o casamento de Marilyn com Arthur Miller. Este, por sua vez, declarou que Marilyn "descobriu que em muitas situações não é ela quem está errada; é uma grande mudança, e ela mesma diz que a deve à psiquiatria".[8]

Irving Stein, advogado da MMP, empresa criada por Marilyn, mantinha um diário. Nele podem-se ler considerações críticas sobre a enorme influência exercida pela analista sobre a vida profissional de Marilyn. Foi a própria Margaret Hohenberg quem participou das negociações financeiras relativas à produção do filme *O príncipe encantado.*

De volta a Nova York, as relações entre Marilyn e seu sócio Milton Greene deterioraram-se definitivamente. Arthur Miller, que acusava Milton de trair Marilyn e até mesmo de a roubar, aconselhou-a a romper com ele. Não é impossível que Loewenstein, analista de Miller, tenha desempenhado um papel importante nessa operação. Em todo caso,

Marilyn, sentindo-se traída por sua psicanalista, que, segundo ela, fazia o jogo de Milton, decidiu impulsivamente mudar. Em março de 1957, consultou então Marianne Kris, a conselho de Anna Freud, de quem esta era amiga de infância e representante nos Estados Unidos. Marilyn bateu à porta de Marianne duas semanas depois da morte de seu marido, Ernst Kris.

Marilyn ia todos os dias à casa de sua nova psicanalista, que morava no mesmo prédio que os Strasberg. Segundo alguns depoimentos, a atriz esperava que a análise a integrasse à vida estável e burguesa. Marianne Kris fazia-lhe inúmeras perguntas. Marilyn não sabia o que responder, às vezes sentia-se cansada daquilo, "tudo girava em círculos".

Engravidou em julho de 1957, mas em agosto teve de ser operada em função de uma gravidez extra-uterina. Durante as filmagens de *Quanto mais quente melhor*, em outubro de 1958, engravidou novamente. Dizem que a psicanalista esteve presente às filmagens. Marilyn sofreu ainda um aborto em dezembro. Exagerava nos barbitúricos.

Não sabemos muita coisa acerca da análise de Marilyn com Marianne Kris. Filha de Oscar Rie — pediatra vienense e grande amigo de Freud —, Marianne emigrara para Londres na mesma época que os Freud, só mais tarde instalando-se em Nova York com o marido, o crítico de arte Ernst Kris, que também se tornaria psicanalista.

A abundante correspondência entre Marianne e Anna é principalmente em língua alemã, entremeada por trechos em inglês. A Biblioteca do Congresso em Washington, que herdou os papéis de Anna Freud, possui apenas cartas de Marianne Kris e algumas raras cópias em carbono de cartas de Anna datilografadas. Como já assinalamos, pudemos constatar pessoalmente que todas as cartas com menções à análise de Marilyn Monroe foram expurgadas da correspondência. A mão da censura interveio drasticamente. Marianne Kris escrevia com freqüência a Anna Freud para lhe falar sobre seus pacientes, sua vida de trabalho, familiar e pessoal, bem como sobre seus projetos científicos e institucionais. Sabemos, além disso, que Anna Freud registra apreciações sobre Marilyn extraídas de Marianne Kris. Testemunhas evocaram preocupações da psicanalista a respeito de overdoses da estrela e da famosa hospitalização desastrada. O que é certo é que, de uma forma ou de outra, Marianne comentava o assunto com Anna. Ainda assim, falta um número considerável de cartas. Não há nada, por exemplo, de outubro de 1958 a outubro de 1959, época em que Marilyn se mudara para Nova York e, segundo os comentadores, consultava incessantemente a analista. Outros cruzamentos de datas vão no mesmo sentido. Tudo leva a crer que os serviços secretos bloquearam o acesso a essas cartas, ainda mais levando-se em conta que Jackie Kennedy-Onassis também consultou a mesma psicanalista no fim dos anos 1960, além de fazer uma doação ao Centro Anna Freud de Londres. Outra hipótese é a de que os herdeiros de Marianne Kris tenham proibido o acesso às cartas da mãe referentes a Marilyn Monroe, não querendo que sua memória fosse importunada pelos investigadores-biógrafos. O curador do arquivo Freud não esclareceu as razões da subtração das cartas referentes a Marilyn.

Podemos supor que Marianne Kris praticava a psicanálise segundo as orientações da Ego Psychology, cujo mentor oficial era Heinz Hartmann. No que se refere à autonomia do Eu, os analistas dessa escola norte-americana afastaram-se de Freud, que nunca o considerou de forma independente. Trata-se de uma adaptação da análise freudiana aos padrões de uma vida de sucesso segundo os critérios norte-americanos dos anos 1950: vida conjugal e familiar estáveis, de preferência segundo valores indexados pelos rendimentos. O indivíduo deve ter a capacidade de controlar sua autonomia em uma adaptação social. Os autores dessa vertente dizem: "O Eu organiza a relação com a realidade, o Eu é pensado como um *órgão* da adaptação, controla os aparelhos da motilidade e da percepção, examina a realidade presente e antecipa as propriedades de situações futuras..." Sob o véu da autonomia do Eu, a questão do desejo é ocultada por trás de todas as diferentes formas de injunções exigidas pela adaptação do Eu à normalidade norte-americana.

Marianne Kris recomendou o doutor Ralph Greenson, amigo seu e também de Anna Freud, para escutar Marilyn e dar-lhe apoio em suas temporadas na Califórnia, quando a estrela estava às voltas com os rumores do caso com Yves Montand e com as críticas do diretor Cukor aos seus atrasos, em janeiro de 1960.

Greenson era portanto a base californiana da análise nova-iorquina de Marilyn.

Greenson disse que queria libertá-la da dependência das drogas e curá-la das insônias. Marilyn lhe teria confiado sua grande mágoa em relação a Arthur Miller, a quem criticava por se ter mostrado "frio e indiferente" diante de suas dificuldades. Greenson fala de "paranóia" e de traços de "esquizofrenia". Vê em Marilyn uma órfã, uma criança abandonada, que "provoca as pessoas com masoquismo, para que a maltratem e se aproveitem dela". Tenta tratá-la como uma adolescente cujo desenvolvimento não permitiu a autonomia do Eu. Para ele, a psicanálise, nesse caso, está fora de questão. É preciso intervir ativa e alternativamente antes de considerar uma psicanálise propriamente dita. Greenson, a despeito do objetivo de curar sua paciente da dependência, receitava-lhe remédios ou pedia que o dr. Engelberg, seu amigo e correspondente, o fizesse.

Marilyn a princípio ficou encantada com Greenson, julgava ter encontrado nele "seu Jesus, seu Salvador". Ele lhe fazia bem, dava-lhe coragem e a escutava. Com ele, sentia-se inteligente e não tinha mais medo.[9]

Quando, durante as filmagens de *Os desajustados*, ela quase sofreu uma overdose de barbitúricos, foram Greenson e Engelberg que supervisionaram sua hospitalização. Greenson porém achava que, apesar das aparências, Marilyn não era realmente uma viciada, podendo ficar sem a droga de um dia para o outro sem sentir sua falta.[10]

Em 31 de janeiro de 1961, de volta a Nova York, Marilyn assistiu a *Os desajustados* e não agüentou. Marianne Kris temeu pelo suicídio. Com Marilyn fechada em casa sem comer nem falar, a psicanalista lhe propôs uma hospitalização que, como vimos, fracassou. Marilyn achou inadmissível ter sido internada, como por inadvertência, na ala dos loucos. Os médicos não a escutavam. Ao que parece, Marianne Kris não deveria ter cedido à preocupação nem hospitalizado sua paciente.

Do hospital, Marilyn escreveu a Greenson uma carta compridíssima (descoberta em 1992) sobre sua catastrófica internação. Tivera de enfrentar a estupidez e os preconceitos dos enfermeiros, para quem era impossível criar ou ser artista em estado de depressão. Essas idiotices eram proferidas com grande frieza e mesmo crueldade. Queriam isolá-la do exterior e ao mesmo tempo sugeriam-lhe atividades ridículas com que se ocupar. Tudo aquilo era absurdo e revoltante. Marilyn sentiu medo daquela violência sofrida sem razão. Decidiu voluntariamente ameaçar os enfermeiros, fingindo-se de louca (lembrança do papel de Nell em *Almas desesperadas*) com uma lâmina de barbear na mão para que a deixassem telefonar e sair.

Depois disso, abandonou Marianne Kris e Nova York. Como a analista precedente, Marianne Kris era beneficiária de uma parte da herança de Marilyn destinada a instituições de sua escolha. Após esse rompimento, a estrela quis alterar suas disposições testamentárias, mas morreu antes que suas orientações fossem cumpridas pelo advogado, cunhado de Greenson.[11] Marilyn passava horas ao telefone com Greenson. Em Los Angeles, consultava-o todos os dias, às vezes durante horas. Para ela, ele dava um jeito, estava sempre disponível, abrindo-lhe as portas de sua casa e de sua vida familiar e social. Apiedado diante da solidão daquela eterna "órfã", buscou incutir-lhe seus próprios valores a fim de que pudesse assimilá-los e neles se apoiar. Uma das razões do retorno de Marilyn à Califórnia foi a presença de Greenson em Los Angeles. Esse retorno foi um fracasso para ela.

Greenson escreveu a Anna Freud em 4 de dezembro de 1961:

> Retomei o tratamento de uma paciente tratada durante vários anos por Marianne Kris, que se tornou *borderline* com distúrbios paranóides, doente grave, atriz. Pode imaginar como é difícil tratar alguém com tantos problemas graves e que também é uma grande celebridade e completamente sozinha no mundo. A psicanálise está fora de questão e tento improvisar, freqüentemente surpreso ao ver aonde isso está me levando, não vendo outra direção a tomar. Se for bem-sucedido, terei aprendido alguma coisa, mas é um processo longo e repleto de emoções.

Resposta de Anna Freud:

> Estou a par dessa paciente de Marianne Kris e de suas lutas pessoais com ela. Parece alguém de valor, segundo a descrição de Marianne. A questão é saber se alguém pode, em seu lugar, dar-lhe o impulso para viver bem que ela própria deveria ter. Tratei um homem desse tipo, não paranóico, mas um homossexual complicado e autodestrutivo, não uma celebridade, mas alguém especialmente beneficiado por seu status, o que dá praticamente no mesmo. Foi um sucesso, mas vale ressaltar que ele tinha uma profunda determinação a ficar bem (tenho o costume de dizer que um ancestral deixou isso dentro dele), da qual não se servira antes mas que a análise conseguiu explorar.

Anna Freud compreendeu o ativismo psicopatológico de Greenson. Segundo ela, se o impulso para o bem-estar não está de antemão presente, é impossível enxertá-lo no paciente. Entretanto, Greenson tenta esse enxerto a golpes de intervenções cada vez mais assíduas na realidade. Deveria ter percebido que a escalada não era a atitude correta. Os adeptos da Ego Psychology eram muito teimosos nesse aspecto.

Greenson avalia Miller de forma surpreendente:

> Como intelectual e autor dramático, ele [Miller] colocava a barra muito alto para ela [Marilyn]. Desejosa de conquistar a estima dele, ela era obcecada pela idéia de se tornar uma *atriz séria*. Isso era um erro, não era ela. Devia continuar a fazer aulas de arte dramática e melhorar progressivamente seus dotes, mas enquanto isso ater-se aos papéis que combinavam mais naturalmente com ela: as comédias, os musicais, os filmes extravagantes, nada de muito sério. ... E, acima de tudo, devia ser ela mesma.[12]

Essas observações vão de encontro ao que Marilyn declarava abertamente. O que significava "ser ela mesma" para o analista, em se tratando de alguém que reivindicava em alto e bom som não querer ser outra, mas ser respeitada? É curioso que Greenson desqualifique a reivindicação de Marilyn de ser levada a sério como atriz e querer fazer papéis que não fossem cômicos. Ele externava esse ponto de vista por intermédio de Miller, e achava que Marilyn conformava-se aos desejos de seu marido para obter sua estima. Ela certamente tinha orgulho de ser casada com o grande dramaturgo. Esse encontro amoroso coincidia com seu desejo de atriz e de esposa. O casamento não deixara de ser uma estratégia para ambas as partes, pois ela se interessava pelos intelectuais e pelos homens célebres. Depois do grande esportista, a grande estrela podia pretender tornar-se esposa de um grande intelectual e ele, o marido da estrela.

Não parece justificado afirmar, como Greenson, que Marilyn tinha de renunciar à ambição para eliminar os sintomas, o que seria influenciá-la no caminho inverso de seus anseios. A meu ver, teria sido preciso antes tomar a questão tal como ela lhe submetera e abrir o espaço de linguagem por ela gerado. Seguir a paciente em lugar de se apavorar com as experiências "traumatizantes" de sua infância de garotinha entregue a famílias adotivas mais ou menos capengas. Tudo indica que Greenson não sabia abrir espaço para o que fora aterrador e repetitivo para a própria Marilyn. Ele abordava a situação segundo seus critérios burgueses e psiquiátricos; manobrava as questões a fim de que estas se tornassem possíveis aos seus olhos, disposto a sugerir a Marilyn que desistisse de suas ambições. Procurava transmitir-lhe mimeticamente seus valores pessoais. Foi provavelmente essa técnica ativa, reparadora, envolvente e pedagógica que impediu Marilyn, em nome da própria análise freudiana, de fazer sua análise. Marilyn tentou por diversas vezes indicar-lhe o caminho para penetrar em seus "labirintos mentais".[13]

Em maio de 1961, Greenson descreveu a Marianne Kris seu projeto reparador:

> Acima de tudo, tento ajudá-la a não se sentir sozinha, pois isso a leva a evadir-se nas drogas ou envolver-se com pessoas muito destrutivas, que entrarão em uma relação sadomasoquista com ela. ... É o gênero de programa que se aplica a uma adolescente que precisa de conselhos, amizade e firmeza, e ela parece assimilar a coisa muito bem. ... Ela disse que pela primeira vez estava impaciente para vir a Los Angeles, porque poderia falar comigo. Naturalmente, isso não a impede de cancelar várias sessões para ir a Palm Springs com Mr. FS [Frank Sinatra]. Ela me engana como a um pai. ...

Os adeptos da Ego Psychology recusavam o conceito freudiano de pulsão de morte. Julgavam que a agressividade era sempre reacional, a princípio necessária à sobrevivência, depois um avatar da rivalidade, mas negavam que a crueldade fosse um fundamento humano da relação com o outro: o fato de que se fale, se ame, se deseje. Essa recusa tornava-se uma obrigação imposta ao paciente. Pois essa "horrível crueldade humana" não é conveniente, não é decente! Com a ladainha norte-americana da imediatez, o analista introduzira a escalada da recusa de ver e ouvir a dimensão de destruição inerente ao desejo. Marilyn parecia fortemente acuada na obrigação de se conformar. Resistia por meio de sintomas somáticos, da ingestão de medicamentos. No seu íntimo o psicanalista desaprovava as ligações de Marilyn com os irmãos Kennedy, mas não podia impedi-las. Quando Greenson decidiu fazer com que Marilyn contratasse sua amiga

Mrs. Murray, espécie de assistente-enfermeira, pediu-lhe que despedisse seu querido massagista e acompanhante Ralph Roberts. Com o coração apertado, Marilyn obedeceu, dizendo que Greenson não queria que ela tivesse dois Ralph na vida dela! "É um pouco demais!"[14] Compreende-se por que Marilyn se apoiava em seu psicanalista a contragosto, na falta de outros laços sólidos. Deve tê-lo odiado por ter escolhido voltar para Los Angeles, sem poder dizer isso a ele diretamente (ele fala de "fase paranóide grave"). Greenson redobrava a vigilância e a margem de manobra para guiá-la.

Como sabemos, por sugestão de Greenson e incentivo de Mrs. Murray, ela comprou uma casa parecida com a de seu psicanalista em janeiro de 1962. Por ocasião de uma recepção na casa dos Lawford, onde Marilyn devia encontrar-se com Bob Kennedy, Greenson preparou uma lista de assuntos sobre os quais ela poderia conversar com o então ministro da Justiça. O filho de Greenson lembra-se de Marilyn decorando dados para impressioná-lo. Nessa festa, ela foi vista com uma "caderneta" vermelha que não largava — ou lia ou anotava alguma coisa!

Norman Rosten conta que num domingo, 25 de março de 1962, de passagem por Los Angeles, convidou Marilyn para sair e visitar galerias de arte com ele. Ela parecia entorpecida, morta de sono. Comprou um estudo a óleo vermelho, abstrato, de Poucette, e uma cópia em bronze de uma estatueta de Rodin — um homem e uma mulher enlaçados num beijo apaixonado. "A atitude do homem era feroz, predadora, quase brutal; a da mulher, inocente, dócil, humana."[15] Ela hesitou, depois arrematou-a apesar do preço alto.

— Olhe para os dois, ela exclamou bem alto balançando a cabeça. Como é bonito! É um bruto, mas também quer amá-la...

Por uma razão inexplicável, seu humor mudou, escreveu Rosten, e de alegre passou a rancorosa e até rabugenta.

— Vamos parar no meu analista, ela disse, inflexível. Quero mostrar-lhe a estátua.

— Agora?, perguntou Rosten. Aquela reviravolta brusca preocupava-o.

— Claro, resmungou. Por que não agora?

O dr. Greenson recebeu-os amavelmente. Marilyn colocou a estatueta sobre o móvel próximo do bar, orgulhosa de sua aquisição.

— O que acha?, perguntou com uma voz estridente, virando-se para ele, que respondeu calmamente ser uma obra de arte deslumbrante.

Marilyn parecia muito agitada e não parava de alisar as figuras de bronze. Seu discurso assumiu um tom agressivo:

— E então, o que isso significa? Será que ele está apenas atacando? Será que está fingindo? Eu gostaria de saber. O que é isso? Um pênis?

Marilyn repetia, furiosa, com uma voz aguda:

— O que acha, doutor? O que significa isso?

Tudo indica que a compra daquela estatueta era um ato vivo a ser situado em linha direta com o que ela então discutia com Greenson. Marilyn, sabendo que seu psicanalista queria afastá-la de seus amantes perigosos, chegou resoluta, provas na mão, para exigir dele que dissesse o que significava aquela postura erótica em que o homem parece "fazer mal ao mesmo tempo em que quer amar" a mulher. O tom parece nervoso, duro, exigente, provavelmente na esteira das conversas de ambos sobre os amantes destrutivos dos quais não sabia se defender: sua inclinação "sadomasoquista", segundo Greenson. Ela interroga seu psicanalista apoiando-se na obra de Rodin.

Em uma carta a Anna Freud datada de 29 de abril de 1962, Greenson afirma que sua paciente mantém-se numa linha divisória entre consolidar a independência e, ao contrário, regredir e impedi-lo de partir para a Europa: "Acho que ela vai conseguir viver sem mim, mas não tenho certeza de que sobreviverei a isso." Frase ambígua: a que ele não tem certeza de sobreviver? Tudo indica que não lidava bem com sua dificuldade em levar adiante o tratamento de Marilyn.

Como sabemos, Greenson partiu em maio de 1962. Marilyn, na época, passava por grandes dificuldades durante as filmagens de *Something's Got to Give*. Don Wolfe sublinhou o texto de Greenson, *Investigações em psicanálise*, no capítulo "Sobre objetos transicionais e a transferência":

> Disse a uma jovem paciente imatura, que desenvolvera no plano afetivo uma transferência bastante dependente a meu respeito, que ia participar de um congresso internacional na Europa. Um dia, ela me disse que descobrira uma coisa que lhe permitiria agüentar-se na minha ausência. ... Certa vez, observando o tabuleiro de xadrez através da luz cintilante de uma taça de champanhe, ficara chocada com a semelhança que via entre o cavalo branco e eu, o que lhe deu imediatamente uma sensação de reconforto, até mesmo de triunfo. O cavalo branco era um protetor,

> pertencia-lhe, ela podia levá-lo aonde fosse, ele cuidaria dela. Eu podia então passar um bom tempo na Europa sem me preocupar com ela. A preocupação primordial da paciente com o período de minha ausência referia-se a uma apresentação de grande importância para ela no plano profissional. Ela agora sentia que conseguiria porque podia esconder o cavalo branco em um lenço ou cachecol. Sabia que ele a protegeria do nervosismo, da angústia ou do azar. Fiquei aliviado e feliz ao saber que, enquanto eu estava na Europa, sua apresentação pública foi um formidável sucesso.[16]

Tudo leva a crer que se trata efetivamente de Marilyn — o champanhe é sua assinatura. E essa apresentação pública consistia em cantar no aniversário do presidente dos Estados Unidos. Nessa comunicação, Greenson dedilha sua teoria e mostra aos colegas uma ilustração positiva do objeto transicional e de como Marilyn e ele se reconfortaram reciprocamente. Como vimos com a cabeleireira de Jean Harlow, Marilyn gostava de gestos mágicos de proteção.

Na realidade, Greenson, que se envolvera profundamente nas negociações de *Something's Got to Give* e respondia pela docilidade de Marilyn, foi obrigado a voltar precipitadamente: Marilyn fora brutalmente demitida pela Fox. Em 2 de julho, Anna Freud escreve a Greenson dizendo que acompanha seu destino pelos jornais e que "percebera que sua paciente se comportara mal". Devia tratar-se da campanha orquestrada contra Marilyn referente a seus atrasos e ausências. Mas Anna Freud não compreendera que aquilo interrompia as férias de seu amigo. "Estou perplexa com o que ela está passando e com o que isso significa para você. Deve haver alguma coisa muito boa nela, pelo que entendi de Marianne Kris. E, no entanto, ela está longe de ser uma paciente analiticamente ideal." Anna Freud apenas aparentemente compreende o que se passa.

Greenson escreve a Marianne Kris[17] que Marilyn comunicou-lhe sua decisão de "pôr um fim à sua terapia". Declara: "Eu me dava conta de que começava a irritá-la. Ela se irritava freqüentemente quando eu não concordava absolutamente e totalmente com ela. ... Ela estava com raiva de mim. Eu lhe disse que voltaríamos ao assunto, que ela devia me ligar no domingo de manhã." Mas no domingo em questão ela estava morta.

Logo após a morte de Marilyn, Anna Freud escreveu a Greenson com data de 6 de agosto de 1962:

> Estou terrivelmente desolada a respeito de Marilyn Monroe. Sei exatamente o que você está sentindo, pois me aconteceu a mesma coisa com um paciente que tomou cianureto dois dias antes do meu retorno dos Estados Unidos há alguns anos. A gente procura e procura na cabeça para saber como poderíamos ter feito melhor e isso dá uma terrível sensação de fracasso. Mas saiba que nesses casos acho que o fracasso tem uma origem mais forte que nós e em relação à qual a análise, com todos os seus poderes, é uma arma muito fraca. Quando li nos jornais que ela teve doze famílias adotivas, isso me lembrou as crianças dos campos de concentração que tratamos e que têm as mesmas angústias, ou que tentamos tratar na nossa Clínica. O problema é que nenhuma delas mostrava a espécie de transferência utilizável em análise, apesar de seu apego ao analista. Estou desolada por ela com todas as suas desgraças. Escreva rápido e não fique muito infeliz!

Por outro lado, Greenson, que já declarara no dia 12 de agosto, em sigilo mas formalmente, que Marilyn com certeza não se suicidara voluntariamente, escreveu em 20 de agosto de 1962 a Anna Freud, como se continuasse acreditando na tese do suicídio:

> Foi realmente gentil ao me escrever com tanta compreensão. Foi um golpe terrível sob diversos aspectos. Cuidei dela, era minha paciente. Era muito patética e teve uma vida terrível. Eu tinha esperanças por ela e achávamos que estávamos progredindo. E agora ela está morta e compreendo que todo meu saber, meu desejo e minha determinação não foram suficientes. Deus sabe que tentei, e imensamente, mas não consegui vencer todas as forças destrutivas nela impregnadas pelas experiências de sua vida passada e mesmo de sua vida presente. Às vezes penso que o mundo queria sua morte, ou pelo menos muita gente no mundo, particularmente aqueles que depois se mostraram ressentidos e aflitos. Isso me dá raiva. Mas sinto-me acima de tudo triste e desapontado. Foi um golpe no meu orgulho, mas igualmente na minha ciência, da qual me considero bom representante. Precisarei de tempo para superar

e sei que isso pode deixar uma cicatriz. Bons amigos me escreveram cartas confortantes e isso me ajudou, mas não é agradável lembrar, e, ainda assim, é apenas lembrando que poderei um dia esquecer. ...

Greenson ficou muito mal depois da morte de Marilyn, parou de trabalhar um tempo e se afastou de Los Angeles. Não poderia deixar de ser alvo de acusações de todo tipo. Em dezembro, escreveu a Anna Freud para dizer que "tranqüilizava seus amigos e inimigos e que ainda funcionava"!

Anna Freud respondeu-lhe: "Marianne Kris me falou muito de Marilyn Monroe nesse verão e de suas experiências com ela, acho que ninguém conseguiria segurá-la nessa vida." Essa observação, embora se pretenda tranqüilizadora, ressalta o fato de que ele procurava "segurá-la nessa vida". Ao tentarmos impedir um perigo pela vontade, freqüentemente precipitamos seu advento.

Na primavera de 1963, Greenson escreveu a Anna Freud: "Superei minha aflição e minha depressão a respeito do caso MM." Para se justificar diante das críticas de que era objeto, declarou em uma revista médica[18] haver tentado um modo de tratamento especial para aquela paciente, os outros tendo fracassado. Justifica assim tê-la recebido em casa, junto à sua família, ter negociado com os estúdios, ter estado presente ativamente nas diferentes decisões de sua vida... Reconhece ter fracassado, porque ela morreu! Não pronuncia a palavra "suicídio".

Percebemos que essas declarações não conferem de todo. A Anna Freud, ele certamente não diz tudo, queixando-se de tratar uma paciente cuja destruição é impossível de impedir... Justificar-se em relação a uma doxa psicanalítica por ter interferido ativamente na vida de sua paciente porque ela era *borderline* imatura não muda muita coisa na história. Se ele não tivesse interferido tanto, será que ela estaria morta?

Para retomar o fio da meada, escutemos a própria Marilyn, que fez uma gravação destinada a seu psicanalista, recém-publicada,[19] e que nos esclarece o mal-entendido. Matthew Smith produziu 80% das transcrições e as notas foram tomadas por John Miner, a quem Greenson mostrou as gravações para lhe provar que Marilyn não se suicidara. Tudo indica que ela falou ao gravador um ou dois dias antes de sua morte, uma vez que monta uma estratégia para se livrar de Mrs. Murray, a quem planeja despedir e de quem diz não gostar.

Marilyn sugere a seu psicanalista patentear um novo método para liberar as "associações livres" da "resistência", falando apenas e diretamente com seu analista ao gravador. Este receberá sua paciente após ter escutado a fita para lhe propor sua análise.

É lamentável que Matthew Smith, que publicou a transcrição desse precioso documento, tenha aceitado censurá-lo, indo assim na contramão de Marilyn, que tentava sair da carapaça na qual a aprisionavam as exigências generosas e moralistas de seu psicanalista. Ela queria derrubar a resistência — que era, evidentemente, a de seu analista. Smith escreve em seu prefácio: "Devo ressaltar aqui que a publicação de certas seqüências das fitas, estimadas de ordem extremamente íntima e privada, foi objeto de grande discrição. Certas referências foram omitidas por questão de conveniência. Se eu tivesse publicado essas passagens, Marilyn teria se constrangido, e tenho certeza de que meus leitores ficariam embaraçados por ela." Enquanto isso, Marilyn grita o contrário nas gravações.

Prostrada, seminua, ela dispara frases audaciosas ao microfone, dirigidas àquele que julgava ter as soluções e que ela percebia que não a escutava, apesar do bem que lhe dispensava. Não há ninguém a seu lado:

> Querido doutor, o senhor me deu tudo. Graças ao senhor, hoje sou capaz de sentir o que não sentia antes. Ela revela-se a si mesma e com a ajuda de um outro [está na terceira pessoa, no texto]. Agora sou portanto uma mulher-mulher [trocadilho voluntário — como Shakespeare]. Agora, controlo as coisas — me controlo — controlo minha vida. ... Que posso lhe oferecer? Dinheiro, não. ... Meu corpo, não. ... Vou então lhe oferecer minha idéia, que vai revolucionar a psicanálise.
>
> Não é verdade que a associação livre é a chave da análise? Marilyn Monroe associa. O senhor, meu médico, graças à compreensão e à interpretação das idéias que me passam pela cabeça, consegue alcançar meu inconsciente e isso permite que trate minhas neuroses e que eu as supere. Mas quando o senhor me diz para relaxar e lhe contar meus pensamentos, me dá um branco total e fico sem voz; trata-se do que o senhor e o dr. Freud chamaram de resistência. Falamos então de outra coisa e respondo o melhor que posso às suas perguntas. O senhor é a única pessoa no mundo para a qual nunca menti e nunca mentirei. ...

“Pode imaginar como é difícil tratar alguém com tantos problemas graves e que também é uma grande celebridade e completamente sozinha no mundo.”

Quando vai associar para trabalhar os sonhos, diz ser vítima do mesmo branco, "uma resistência suplementar"; segundo ela, Greenson teria o direito de se queixar e de fazer novas perguntas. Ele tentava ajudar Marilyn a sair dessa encruzilhada.

> O senhor me aconselhou a mergulhar nos meandros da mente de Molly Bloom (sei usar as palavras, não?) para ter uma idéia da associação livre. Foi ao fazer isso que me ocorreu uma grande idéia.
>
> ... No caso, Joyce escreve os pensamentos íntimos de uma mulher. Mas será que ele consegue conhecer seus pensamentos mais íntimos? Conhece-os de verdade? Após ter terminado minha leitura, compreendi porém que Joyce é um artista capaz de penetrar a alma dos seres humanos, homens ou mulheres. Não interessa se Joyce não possui nenhum atributo feminino. ... Espere. O senhor adivinhou, estou associando livremente meus pensamentos, de modo que o senhor vai ouvir muita linguagem crua. Em razão do respeito que tenho pelo senhor, nunca consegui pronunciar as palavras que me vinham realmente ao espírito durante nossas sessões. Mas agora vou dizer tudo que penso sem restrição.

[Infelizmente, Smith preferiu censurar as expressões cruas demais empregadas por Marilyn. É pena, considerando o contexto. Sabemos por Truman Capote que Marilyn gostava de falar de forma chula.]

> ... se o senhor for paciente, vou lhe falar. ... É engraçado, ... ser paciente, enquanto sou sua paciente. ... Isso tem uma espécie de sentido shakespeariano, não é? Voltemos a Joyce. Para mim, Leopold Bloom é o personagem central. O judeu irlandês desprezado, casado com uma católica. ... A meu ver, a cena mais erótica do livro é aquela em que Bloom observa a garotinha na gangorra. Concorda comigo? O que é um judeu? Em minha profissão conheci uma quantidade enorme de judeus. ... Em sua opinião, como Hitler fazia para saber quais judeus deviam ser mortos? Era impossível a partir apenas do aspecto físico. ... Eu seria incapaz de afirmar que o senhor é judeu apenas com o olhar. Mesma coisa com as mulheres. Não paro de me perder. Mas é a associação livre.

[Marilyn não está perdida. Ela diz que, assim como não há traços físicos para exprimir a identidade judaica, não há traços físicos para exprimir a identidade feminina, não são os "atributos", é outra coisa. E daí? Somos designados homens e mulheres, as identidades sexuais são fatos de linguagem. Greenson provavelmente ignorava isso.] Ela continua:

> Temos o doutor e temos o paciente. Não gosto do termo "analisando", dá impressão de que tratar um espírito doente é diferente de tratar um corpo doente. No entanto o senhor e o dr. Freud afirmam que o espírito faz parte do corpo. Aposto que Gertrud Stein diria uma paciente é uma paciente é uma paciente; veja, a associação livre pode ser divertida. ... O número de vezes em que sequer uma única idéia me ocorria. ... Eu voltava em lágrimas, ... sentia que era culpa minha. Enquanto eu lia os falatórios de Molly, tive essa brilhante idéia. Pegue um gravador. Insira uma fita. Acione. Diga tudo o que lhe passar pela cabeça. ... A paciente associa livremente e sem dificuldade. A paciente envia a fita ao doutor. Depois que o doutor a tiver escutado, a paciente vai à consulta. Ele lhe faz perguntas a respeito, interpreta. A paciente é tratada. ...

Em seguida, Marilyn enaltece seu psicanalista como "o maior psiquiatra do mundo" e diz que ele poderá dispor dessa invenção gratuitamente, como se fosse sua, diante dos colegas e do mundo, depois poderá publicar numa grande revista científica: "O senhor será o primeiro a ensinar à psicanálise como derrubar a resistência. Talvez pudesse patentear a idéia. E licenciá-la para seus colegas."

[Talvez Marilyn fosse sincera. Zomba um pouco dele, mas o felicita e lhe oferece discretamente uma solução-prótese para a técnica posta em xeque, dado que ele não teve êxito em fazê-la encontrar o fio de uma fala que viesse dela mesma. Ela está imbuída do espírito correto: o dualismo mentir/dizer a verdade, dizer palavras cruas/calá-las. Além disso, a seu ver, ele e o dr. Freud não resolvem a questão da identidade ligada ao corpo, do dualismo corpo/espírito. Acompanhada por Joyce, ela entra nos jogos significantes da fala e tenta outra coisa: livrar-se daquela carga e se fazer ouvir!]

> O senhor é a única pessoa que conhecerá os pensamentos mais íntimos, mais secretos de Marilyn Monroe. Tenho no senhor uma fé e uma

confiança absolutas. O que lhe disse quando me tornei sua paciente era verdade. Nunca tive um orgasmo. Lembro perfeitamente que o senhor me disse que um orgasmo se produz na cabeça, não nos órgãos sexuais.

Não acho que as palavras sejam chulas em si mesmas, é a maneira como as pessoas as utilizam. Isso não me incomoda, mas essa maldita associação livre deixa qualquer um maluco. Oh, oh! maluco me faz pensar na minha mãe.

Marilyn prossegue seu diálogo com Greenson sobre o orgasmo:

O senhor diz que uma pessoa em coma ou paraplégica não tem orgasmo porque a estimulação genital não atinge o cérebro, mas que um orgasmo pode se produzir no cérebro sem nenhuma estimulação genital. O senhor me disse que um obstáculo no meu espírito me impedia de ter um orgasmo; que se tratava de um acontecimento que vivi em minha infância a propósito do qual senti uma culpa tão grande que não julgava merecer o maior dos prazeres, que isso se relacionava a alguma coisa muito ruim no domínio sexual e que eu me culpava por ter sentido prazer.

[Não sabemos em que consiste o acontecimento preciso da infância: o que é "alguma coisa de muito ruim no domínio sexual"? E por que não o inverso: alguma coisa de sexual, portanto de ruim? Marilyn dá a Greenson uma verdadeira aula de psicanálise, servindo-lhe do mesmo prato que ele serviu para ela.]

Prossegue, aliás, da seguinte forma:

Suas frases são palavras do Evangelho para mim. Quantos anos desperdiçados! Como posso lhe explicar, ao senhor, um homem, o que uma mulher sente no orgasmo? Vou tentar. Imagine um aparelho elétrico equipado com um reostato. Se você girá-lo lentamente, a lâmpada começa a se acender. Pouco a pouco a claridade aumenta até se tornar ofuscante como um relâmpago. Ao se apagar, ela baixa gradativamente e acaba por se dissipar completamente.

[Essa passagem é divertida. Estaria dizendo a seu psicanalista que conseguiu vencer o obstáculo ao orgasmo sem ele porque, sendo homem, e ao contrário de Joyce, ele não sabe nada sobre aquilo? E explica-lhe com a metáfora do aparelho elétrico como o "sente" agora.]

Depois fala longamente do lugar importante de Clark Gable em seu imaginário de garotinha; em seguida, das filmagens de *Os desajustados*, quando ele se mostrara protetor e implicante, ele de quem tanto queria ser a filhinha querida. "Claro, era uma fantasia!", conclui.

> Desde que o senhor me recebeu em sua casa e permitiu que eu conhecesse sua família, penso em como seria ser sua filha em vez de paciente. Sei muito bem que é impossível enquanto eu for sua paciente, mas depois que o senhor tiver me curado talvez pudesse me adotar. Assim eu teria o pai que sempre quis ter e sua mulher, que eu adoro, poderia ser minha mãe, ... não, doutor, não vou pressioná-lo. Mas é maravilhoso pensar nisso. Imagino que o senhor saiba que eu choro. ...

[Nesse ponto observa-se um limite da técnica de Greenson, que imerge totalmente a paciente em sua vida privada e em seus "valores", mas é apenas "maravilhoso pensar nisso", maravilhoso imaginar fazer parte da família. E prolongar aquela vida partilhada com uma verdadeira adoção seria "pressioná-lo"! Com a psicanálise, Marilyn não estava num set de filmagem no dispositivo do "se criador" (fazer "como se fosse verdade"). Ela buscava organizar uma vida real, não apenas uma vida "pensada".]

Ela emenda na morte de Gable, que a deixou arrasada. Segue-se uma longa tirada sobre Johnny Hyde, seu amante rico e protetor, quando ela tinha vinte anos. Ela diz: "Ele morreu antes de cumprir a promessa de me incluir em seu testamento. *C'est la vie* [em francês no texto]."

Evoca em seguida sua "suposta discussão com Crawford" atiçada pela imprensa. Marilyn cita Shakespeare: "Aquele que rouba minha boa reputação me despoja não do que o enriquece, mas do que na verdade me empobrece." Depois mistura críticas e elogios a Laurence Olivier, "altivo, arrogante, esnobe, inflexível e... e que grande, grande ator", sobretudo quando declama Shakespeare. Lembra-se dele a ler Shakespeare durante duas horas: "'... a vida não passa de uma sombra andarilha, um pobre ator que se pavoneia e se agita quando está no palco mas que depois não é mais ouvido...' Olivier disse: 'Isso resume tudo'!"

Quer estudar Shakespeare dia e noite, pagar a Strasberg para isso e pagar a Greenson para que fique à sua inteira disposição. Quer produzir e atuar em um festival de cinema que se intitularia Shakespeare-Marilyn Monroe.

> Mas falemos de uma coisa séria, doutor. Quero que me ajude a me livrar de Murray. Ontem à noite, enquanto ela me fazia uma lavagem, pensei: minha senhorinha, estás indo muito bem mas deves partir.

Marilyn pede a seu analista que invente um subterfúgio para mandar a governanta para a casa de alguém mais necessitado que ela, um "suicida potencial", por exemplo, e, com sua autoridade de psiquiatra, que faça com que ela assine uma quitação. Murray receberia um "prêmio especial" a fim de não sair escrevendo "Os segredos de Marilyn Monroe por sua governanta", "ganharia uma fortuna revelando o que sabe, e ela sabe muito ..."

> Doutor, na verdade, ela e eu não gostamos uma da outra. Não suporto a insolência e o desrespeito que ela manifesta sempre que lhe peço para fazer alguma coisa ...

[Greenson devia sentir-se muito embaraçado com essa situação, uma vez que colocara Murray na casa de Marilyn para ajudá-la e fazer-lhe companhia, mas também para vigiá-la. Os paradoxos da posição de Greenson vinham cada vez mais à tona. Isso explica também por que Marilyn teve de fazer uso do gravador para lhe transmitir o que não podia dizer na presença dele, sabendo intuitivamente que ele traía sua confiança com Murray. Ela continua a lhe dar uma aula e a admirá-lo sinceramente.

A pertinência virulenta e a inteligência de Marilyn manifestam-se claramente aqui. Essa observação discreta sobre a lavagem, mas decerto cheia do veneno destilado por Mrs. Murray, corrobora a hipótese de que Marilyn tenha sucumbido em função de uma lavagem "muito bem ministrada" por sua governanta, mas dessa vez com uma overdose.]

E Marilyn continua a falar da reação da lavagem mal ministrada por Joan Crawford em sua filha, contando sua própria experiência:

> Fiz a lavagem naquele anjinho com tanta delicadeza que aquilo o fez sorrir. Joan me lançou um olhar amargo e me disse: "Não acho que seja preciso mimar os filhos"; tive a impressão de que ela tinha tendência a ser cruel com a filha. ... Declarei-lhe sem ambigüidade que não sentia prazer em fazer [amor] com uma mulher. Depois que a repeli, ela se tornou maldosa. Um poeta inglês descreve isso melhor que eu: *o céu não conhece pior tempestade que o amor transformado em ódio e o inferno não conhece pior fúria que uma mulher desprezada*. Depois me lembrei vagamente das lavagens que faziam em mim quando eu era pequena. Elas pertencem à categoria das lembranças recalcadas, como o senhor e o dr. Freud chamam. Vou trabalhar isso e lhe mandar outra fita.

Em seguida Marilyn discorre longamente sobre a prática das lavagens, tão comum entre as atrizes, como na corte de Luís XIV, úteis para a beleza das mulheres, para evitar a constipação e as toxinas intestinais, que dão brotoejas. "Sim, gosto muito das lavagens! E daí! Rimos muito dessas seringas de pistão com Peter [Lawford] em alguns programas na praia..."

[Infelizmente a censura interferiu na seqüência, quando Marilyn fala de alguém que a exasperou. Não sabemos de quem se trata.] E explica que se aconselha com Sinatra, grande especialista em estratégia social e que o adora, claro, mas não para se casar. Não ignora que o casamento destruiu sua relação com dois "homens maravilhosos".

> DiMaggio ama Marilyn Monroe e sempre a amará. Amo-o e sempre o amarei. ... Não consigo deixar de ser Marilyn Monroe.

Explica que foi incapaz de se tornar uma mulher fiel, obedecer, dedicar-se ao marido.

> No caso de Arthur, não é em absoluto a mesma coisa. Fui eu que cometi o erro de casar com ele, não ele. Ele não conseguia me dar a atenção, o calor e a afeição de que preciso. Não é da natureza dele. Arthur nunca me atribuiu uma grande inteligência. Não conseguia

dividir sua vida intelectual comigo. Na cama as coisas iam assim, assim. A coisa não o interessava muito e eu simulava um prazer excepcional para que ele se mostrasse mais atuante. Sabe, achei que o judeuzinho do pai dele me amava mais sinceramente que Arthur. ... Nunca fui seduzida pela religião judaica e acho que Arthur zombava dela. Talvez ele seja um bom escritor de ficção. Em todo caso, suponho isso. Arthur ignorava tudo sobre cinema e escrita cinematográfica. Sabe por que *Os desajustados* não é um grande filme? Porque não é um grande roteiro. Gable, Monroe, Clift, Wallach, Huston. O que pedir mais? Pois bem, vou lhe dizer. É preciso que a história esteja à altura do talento daqueles que a interpretam. Sabe por que esses filmes de tema religioso como *Ben-Hur* e *Os dez mandamentos* fazem esse sucesso todo? Porque a Bíblia é um bom roteiro.

[Não há nada a ser acrescentado a isso. Marilyn deu seu diagnóstico: Arthur não a amava mais que um determinado tanto. Não reconheceu sua inteligência nem seu talento. E ela sabe disso. Marilyn busca sempre entender o terrível efeito "*misfits*" que arruinou seu casamento e a destruiu. Parece que nem Marianne Kris nem Greenson compreenderam isso. Além do mais, no momento dessa gravação, que é o momento crítico em que ela volta a se impor aos estúdios que a haviam sordidamente boicotado nas semanas precedentes, momento em que pretende reorganizar sua vida, ela sabe que a nova esposa de Miller, Inge, está grávida. Não fala sobre isso, mas dizem que sabia. Na parte censurada por Matthew Smith, Marilyn teria dito que tinha a intenção de se casar de novo com DiMaggio.]

Emenda depois nos Kennedy:

Marilyn Monroe é um soldado. Seu comandante-chefe é o homem mais poderoso do mundo. O primeiro dever de um soldado é obedecer. ... esse homem vai mudar o país. Nenhuma criança terá fome. Ninguém dormirá na rua ...

Não aposto na utopia, que é uma ilusão, mas que ele vai transformar os Estados Unidos de hoje ...

Você não tem a impressão de que sou eu quem está falando, hein? ...

> E eu nunca vou constrangê-lo. Enquanto eu preservar minha memória, John Fitzgerald Kennedy estará gravado nela.

Ela esclarece que o caçula é mais "sensível" que o mais velho.

> Mas Bobby, doutor, que devo fazer com Bobby? Como vê, não tenho lugar para ele em minha vida. ... Quero que um outro lhe diga que terminou, ... sei como ele ficará magoado, e eu não tenho forças para lhe fazer mal. Sua moral católica obriga-o a encontrar um meio de se justificar por ter traído a mulher, ao passo que o amor lhe serve de desculpa. Quando se ama muito, não se consegue evitar, e ninguém pode criticá-lo por isso. Muito bem, doutor, o senhor teve direito à análise, por Marilyn Monroe, do amor que Bobby sente por mim. E agora que vejo ele como é, não vou ter dificuldade para cuidar de mim mesma. É impressionante, bastou eu fazer essa associação livre para o senhor e resolvi meu problema. Portanto, o senhor tem alguma coisa para matutar até amanhã, doutor. Boa noite.

Com o gravador, Marilyn Monroe se faz analista do "eu" que fala e assim descobre como dizer a Bobby que tudo terminou. Essa passagem é interessante, uma vez que contradiz a opinião segundo a qual Marilyn é quem foi abandonada por John, o presidente, e depois por Bobby, em virtude de ter-se tornado espaçosa demais. Não é o que ela diz a Greenson: o presidente ficará gravado em sua memória como John Fitzgerald Kennedy (não é mais nem amigo nem amante!) e, para o irmão, ela encontra um argumento subjetivo: Bobby a ama tanto que não consegue se conter, portanto não é culpado. Com esse argumento Marilyn acua a moral católica em seu próprio terreno, o do amor, e julga ter achado o ângulo para terminar com Bobby sem lhe causar desgosto.

O uso do gravador, que provavelmente durou apenas o tempo dessa sessão, introduz um dispositivo mais adequado que a sessão: ela pode, como Molly Bloom (no *Ulisses*, de Joyce), dizer tudo que lhe passa pela cabeça. Como diz Marilyn, Joyce é artista. Consegue penetrar inclusive a alma de uma mulher. Marilyn Monroe é artista, pode falar no gravador as coisas à sua maneira, colocar a língua para funcionar, é ela quem fala. Em todo caso, sem conseguir se fazer entender por Greenson, o incontestável grande psiquiatra, utiliza esse procedimento para lhe falar francamente.

Observemos de passagem que psiquiatra e psicanalista são, nos Estados Unidos, duas profissões freqüentemente confundidas, o que é coerente com o fato de que nesse país era preciso ser médico para ser psicanalista. A psicanálise deixou-se inteiramente dominar pela medicina e pela objetividade terapêutica.

Ao mesmo tempo, Marilyn faz o diálogo sair do segredo do consultório, uma vez que a fita magnética deixa vestígios que hoje podemos ler. Caso contrário, essas palavras nunca viriam a ser divulgadas. Esse elemento suplementar assinala o fato de que Marilyn estava em vias de mudar sua postura.

A seguirmos o que foi dito anteriormente, essa gravação foi provavelmente "interpretada" pelo analista, que teria "irritado" Marilyn por não concordar plenamente com o que ela dissera. Ela teria declarado a Greenson que pretendia encerrar a "terapia". Ia partir para outra.

Nenhum dos psicanalistas de Marilyn se permitiu depositar confiança nela, escutar sua fala, sua língua pessoal, suas *bad words*, e parar de sentir medo por ela, única forma de lhe dar uma oportunidade. Queriam "segurá-la nessa vida", julgando protegê-la da destruição e preferindo ignorar que é ao reconhecer o impossível, ali onde ele reside, que a destruição inerente ao desejo transforma-se em criação. Poucos psicanalistas sabem lidar com isso.

No jogo da língua por ela forjado, Marilyn parece querer dizer a seu analista algo mais sutil que as afirmações moralizantes, os *statements* que ele usava: "adolescente abandonada, imatura", "*borderline*", "depressão", "fase paranóide". Ela queria abri-lo a seu dizer. Em função de querer enxertar em Marilyn um modelo de identificação, Greenson sufocou-a em uma camisa-de-força de presença e vigilância; no Eu forte dele! A análise de Marilyn parece ser um exemplo do impasse gravíssimo da Ego Psychology. Se essa orientação implica que há universalidade dos conceitos, os valores "greensonianos" de que Marilyn precisaria são tratados como universais. Greenson, ao contrário do que acredita, não reconhece a singularidade de sua paciente, racionaliza seu caso e, por conseguinte, não é arrebatado por sua língua singular, pois universaliza, extermina o singular. Marilyn finalmente resolve falar em sua própria língua, escolhe palavras ou obras, artistas, Rodin, Joyce, Shakespeare, para lhe responder. É nesse ponto que o encontro deles se desconstrói.

É perturbador constatar que ela morreu no momento em que manifestava claramente sua mudança de lógica; assim, essa gravação soa *a posteriori* como discurso testamentário.

20

Uma fugacidade produzida pela fotografia

Voltemos a uma dimensão com que Marilyn tinha mais afinidade, a fotografia. Havia como uma coincidência entre a atriz e o fenômeno da fotografia, âmbito em que se achava, digamos, em seu elemento.

Billy Wilder e Constance Collier, dois grandes profissionais, diziam que ela tinha uma presença fugaz que evocava o perigo.

Para Collier, "é como o vôo de um pássaro, apenas uma câmera pode captar sua poesia... o talento que a habita é como um espírito em uma gaiola".

Wilder: "Sua imagem possuía uma estranha realidade bem além do que uma câmera pode produzir. ... Antes, ela parecia um acrobata ignorando o vazio que estava sob seus pés; agora ela sabe que pode cair." Tanto a câmera de cinema como a objetiva fotográfica mostraram-se sensíveis àquela fugacidade vibrante estendida à beira da morte. Já se falou muito que Marilyn não parecia obrigatoriamente boa atriz no set, mas quando se assistia à película, era excelente! Uma vibração entre luz e movimento, uma pulsação de ser. "Ela captava a tela" — essa expressão virou um *leitmotiv*; alguma coisa manifestava-se *a posteriori*, no papel ou na película, como um raio que fura, dardeja, ferroa, espezinha, comove aquele que vê a imagem. Barthes chama essa coisa, esse suplemento, de *punctum*. Em latim, a palavra designa uma ferida, uma ferroada. É metonímica, um detalhe da fotografia nos toca e nos aponta "uma espécie de extracampo sutil, como se a imagem lançasse o desejo mais além do que dá a ver".[20] O *punctum* tem virtualmente uma força de expansão, é uma "imobilidade viva" que nos observa. É difícil nomear, e tentar dizê-lo é entregar-se.

A afinidade de Marilyn com a fotografia era maior que com o cinema, pois seu talento era o de aparecer em um instante único, uma circunstância individual, e depois desaparecer. Esses instantes podiam ser captados mais adequadamente no espaço teatralizado da sessão de poses do que no set de filmagem. Com efeito, diante de uma câmera cinematográfica ela tinha de se curvar a um contexto organizado que envolvia outras pessoas, e atuar segundo as normas do diretor. Já com a fotografia, Marilyn controlava o resultado, podia autorizar ou recusar as fotos — o que não podia fazer com a película, que, *in fine*, dependia da montagem arquitetada pelo diretor. Entretanto, ela exigia constantemente refazer as tomadas e controlar a montagem, sem conseguir, porém, influir no resultado final. Não conseguia reduzir o cinema à fotografia. O cinema impõe um movimento cênico, um papel que é preciso representar no tempo desdobrado. O espaço da filmagem suscitava o pânico, os atrasos, os remédios enquanto na liberdade da fotografia ou em contato direto com o público ela era a coreógrafa da eventualidade. Não era dirigida, mas, levada pela expectativa de um outro, ou do público, animava-se, improvisava, criava o momento único, um acontecimento; depois sumia. Nessas ocasiões, nem sinal de pânico. A fotografia é o disparador da instantaneidade, o lance de dados que, um segundo mais tarde, será gravado para sempre. "Isso foi", segundo outra lógica, a do tempo pontuado. Barthes diz que a fotografia incide não sobre o objeto, mas sobre o tempo. Nesse sentido, é subversiva e violenta.

Marilyn encantava os fotógrafos, que adoravam tentar captar aqueles instantes inéditos, registrados apenas por eles e pela película, onde grãos de prata fixavam seu aspecto. Com eles, Marilyn estava do lado do gesto evidente, generoso, inventado — era flecha, pássaro que saía da gaiola —, ao passo que com os psicanalistas extravagantes que consultou, que queriam conhecê-la, explicá-la e identificá-la, o pássaro se sentia preso.

Foi a fotografia que tornou Marilyn conhecida. De foto em foto, sua imagem foi capa das revistas mais famosas do mundo.

Temos o maravilhoso depoimento do fotógrafo André de Dienes, que publicou o diário *in extenso* de sua amizade apaixonada pela bela e jovem Norma Jeane de dezenove anos, futura Marilyn Monroe. Dienes confirma o quanto Marilyn ficava à vontade e gostava de ser fotografada. Era ela quem geralmente o chamava para as sessões, inclusive à noite. Viajaram durante duas semanas pela Califórnia, Nevada e Oregon — estradas, desertos, montanhas e o litoral do Pacífico no inverno de 1945.

Depois, no ano seguinte, novamente no litoral do Pacífico, uma Marilyn reflexiva, concentrada... Em 1949, nova série de fotos, dessa vez no litoral do oceano Atlântico. Em 1952, na Califórnia, no Beverly Hills Hotel, e em 1953 no Bel Air. Em 1953, à noite, Marilyn iluminada pelos faróis do carro durante uma insônia. Esses episódios foram grandes momentos de criação alegre e erótica para ambos. Ela nunca estava cansada; sempre disponível, exibia inventividade, malícia e alegria de viver ao descobrir poses simples, alusivas, femininas, provocantes, encantadoras, sugestivas, felizes, vivas, naturais. Dienes lamentará amargamente ter-lhe recusado certa vez uma sessão de fotos em 1960, e quando compreendeu que deveria ter aceitado na hora, Marilyn não estava mais disponível. As sessões descritas por Dienes eram sempre interrompidas pela irrupção de um elemento exterior que, como uma catástrofe, encerrava imediatamente a série, e a magia desaparecia em um instante. O espaço de criação de ambos era tão frágil que um nada podia extingui-lo.

Entre outros fotógrafos próximos, houve, claro, Milton Greene, homem inteligente, que não duvidava do talento de Marilyn. Pelo que sabemos, teria tido com ela "um idílio breve e apaixonado" em 1947, e teriam voltado a ser amantes em 1953. Marilyn supostamente ficara grávida dele no mesmo período em que ele se casou com Amy Greene. Milton teria hesitado em se divorciar, mas foi a própria Marilyn quem provavelmente optou pelo aborto. Amy declarou: "Havia entre Marilyn e meu marido uma espécie de segredo do qual eu estava excluída." E, como sabemos, Milton fez com que ela fosse a Nova York para se associarem e para que ele a ajudasse a sair do domínio dos estúdios hollywoodianos. Produziu várias fotos eróticas dela, extremamente belas e tocantes, em tons negros com fundos escuros: "The Black Sessions" — Marilyn de meia arrastão, brincando com uma cartola, ou seminua, deitada na cama, fazendo inúmeras poses, tirando as meias...[21] Milton fotografava uma mulher, não uma imagem. Esses negativos, ainda não exaustivamente publicados, foram encontrados recentemente na Polônia. Milton manteve-os secretos por muito tempo, bem como numerosos documentos dela que possuía. Sua relação íntima nunca deixou de ser privada.

Depois, houve Sam Shaw, fotógrafo de cena, grande amigo de Cassavetes, que conheceu Marilyn em 1951-52 ao fotografar as filmagens de *Viva Zapata!*, na Califórnia. Ele afirmou que, naquela época, Marilyn era

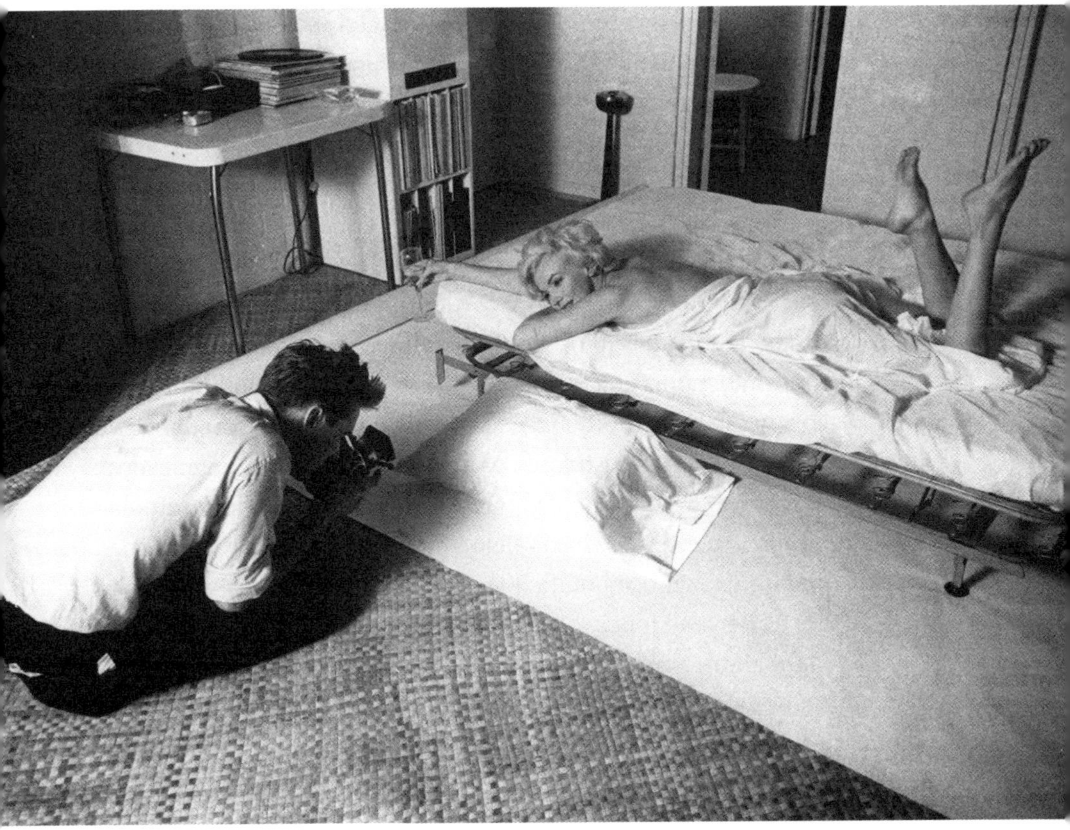

“Quando você deseja alguém a tal ponto e o tem diante de si, há um prazer particular em não o tocar, em deixar apenas a luz acariciá-lo. E a câmera desempenha um papel essencial, pois o amor invade a lente.”

"adorável", calorosa, alegre, muito à frente de seu tempo pela simplicidade, franqueza e espontaneidade, por sua maneira de usar jeans comprados em liquidações e ajustados a seu corpo graças a alguns banhos de mar vestida com eles. Ela não tinha dinheiro, mas era espirituosa, o que a fez amiga dos jornalistas, que se divertiam com suas tiradas. Sam Shaw tornou-se íntimo e fiel a Marilyn, e dizem que seu romance "pornográfico" é construído a partir de um caso de amor com ela.[22] Foi dele a idéia da saída de ventilação do metrô em Nova York durante as filmagens de *O pecado mora ao lado*, cujas fotos são mundialmente conhecidas. Foi ele também quem fotografou a festa em homenagem a Marilyn no Romanoff, quando a jovem estrela foi homenageada por toda Hollywood. Sam Shaw interessava-se por captar os bastidores, os momentos afetuosos, engraçados e relaxados, com total cumplicidade de Marilyn. Gostava de mostrá-la bem-humorada nos estúdios. Fazia dela a quintessência hollywoodiana graças a uma ironia: a moça bonita que veio de lugar nenhum, passa por dificuldades e chega ao topo.

Em Manhattan, Sam pediu-lhe que fizesse poses improvisadas com base na memória sensorial preconizada pelo Actor's Studio: em pleno Central Park, de luvas brancas, ela lê o jornal sentada em um banco ao lado de um casal que ignora quem ela é. O fotógrafo gostava de captar a desenvoltura popular de Marilyn, a multidão, os gritos de entusiasmo, a pipoca. Apreciava os instantes cotidianos captados nos espaços intermediários como o caminhar na rua, o passeio no campo ou na praia, a brincadeira com o cachorro, o café no bar, a refeição no restaurante, a descida do avião, o automóvel conversível, a leitura, o banheiro, a maquiagem, a biblioteca, o sorvete na barraquinha, os intermináveis telefonemas, a ginástica em casa, os olhares apaixonados. As fotos são em tons brancos sobre fundos luminosos.

Sam Shaw destoava dos diversos outros fotógrafos que mostraram Marilyn como *vamp*, estrela, mulher fatal, atriz glamourosa, em fotos esplêndidas mas congeladas, em que ela aparece arrumada demais, maquiada com delicadeza e precisão, olhos semicerrados e expressão infinitamente sugestiva. Entre eles figuram Philippe Halsman, Richard Avedon, Henri Cartier-Bresson, Eve Arnold, Frank Powolny, Cecil Beaton, Henri Dauman e muitos outros, conhecidos e desconhecidos, que trabalhavam para agências. Todos ressaltaram como ela gostava de ser fotografada. Era perfeccionista em relação à aparência, não deixava nada ao acaso, tudo era cuidadosamente previsto em um movimento pensado em função do evento a ser produzido. Um sopro de tempo atemporal abria o espaço de sua performance inventada, sempre nova para quem a surpreendia. Ela mesma ficava surpresa com o disparador que fixava o ponto em suspensão. Terminada a sessão e findo o evento, a magia desaparecia. A aparição só era revelada posteriormente na superfície do papel glacê.

Bert Stern e George Barris, os dois últimos fotógrafos a captar a imagem de Marilyn, em julho de 1962, ficaram profundamente transtornados com sua morte, e deram um longo depoimento. Suas fotos nos comovem porque, como todas as fotos, fixaram um momento que já não existe; só que dessa vez é ainda mais perturbador, na medida em que esse momento nunca viria a se repetir. O "foi" da fotografia é marcado ainda mais pelo definitivo.

Estando em Roma para fotografar Liz Taylor, o jovem fotógrafo Bert Stern sonhava fazer um retrato definitivo de Marilyn Monroe para a *Vogue*, como o que Steichen fizera de Garbo. Planejou uma primeira sessão sozinho, desejoso de tê-la nua no papel. Marilyn perturbou-o instantaneamente com sua "extrema beleza", simplicidade e alegria. Sem demora, conseguiu que ela se despisse da cintura para cima e brincasse espontaneamente com echarpes transparentes, que ele colocara à disposição em um estúdio criado por ele, forrado de papel branco brilhante. Ele a queria "pura", o menos maquiada possível. Queria mostrar sua recente cicatriz do lado direito, resultado da retirada da vesícula biliar, e, sobretudo, o veludo de sua pele. Corajosa, audaciosa, Marilyn não tinha nada a esconder, não ignorava que sua imagem fabricada, composta, maquiada, sofisticada e glamourosa revelaria uma verdadeira fenda na pele, como o lanho de uma tortura em carne viva. Ela exibe o que há de mais fabricado ao lado do que há de mais cru, até mesmo cruel.

Stern estava apaixonado por Marilyn e emocionado com aquela fugacidade essencial que emanava dela, que dava à sua aparição a sensação de um risco:

"Eu não tinha nada a temer da parte dela exceto que sumisse, agora que eu a encontrara. E, para evitar isso, eu tinha minha máquina."

Ao contrário do que ele temera, ela dispunha de "todo o tempo de que precisasse". Beberam champanhe, muito.

"Era difícil, muito difícil, pois a todo momento acontecia alguma coisa inesperada com Marilyn. Ela tinha vida, uma vivacidade tão fugaz quanto o pensamento, tão intensa quanto a luz que brincava em seu corpo. Eu não podia fazê-la posar como Liz Taylor..."

"Ela tinha uma idéia, eu a apreendia, captava e acionava o obturador para me apoderar dela num relâmpago..."

"Ela não parecia ciente do desejo dos homens, e, mais que isso, parecia não ter a mínima consciência, parecia evoluir num universo mais ingênuo, mais interessante... E, longe do mundo à deriva, em pleno absoluto, tiro fotos."

A *Vogue* ficou entusiasmada com as primeiras imagens. Pediram a Stern outras fotos com Marilyn vestida elegantemente. Ela curvou-se a todas as exigências para uma segunda sessão, desfilando todo tipo de vestidos sofisticados e jóias sugeridos, até o esgotamento. A sessão ganhava ritmo graças à multiplicação das taças de champanhe. Em certo momento, ela perdeu a paciência e improvisou uma pose com um *déshabillé* reputado de "mau gosto". Então Bert Stern fez os espectadores e maquiadores saírem a fim de que Marilyn se inspirasse.

> "Quando você deseja alguém a tal ponto e o tem diante de si, há um prazer particular em não o tocar, em deixar apenas a luz acariciá-lo. E a câmera desempenha um papel essencial, pois o amor invade a lente. Cabe a você captá-lo e dar o clique para fechar a caixa e guardar esse amor e essa energia impressos, que você poderá em seguida reproduzir e conservar."

Foi com muita rapidez que, nua em meio a lençóis brancos, ela redescobriu o prazer de brincar com a lente, o que mexeu com Stern. Ele tirou várias fotos de Marilyn na cama e no final arriscou um beijo discretamente recusado. Em seguida aproximou-se dela, entorpecida, tentou tocá-la e sentiu que talvez ela não o repelisse, mas recuou, deixando-a entregue ao sono.

"Senti-a respirar. Pelo menos está viva, pensei. Olhei-a tranqüilamente deitada perto de mim, pálpebras fechadas."

Stern terminou a série com o ardente desejo de realizar *o* famoso retrato definitivo em preto-e-branco de Marilyn Monroe. Preferiu deitá-la em uma cama, com maquiagem e roupa muito sofisticadas. Tirou fotos inclinando-se sobre ela, evocando as primícias do amor. Mais tarde, Marilyn exigiu ver os negativos, criticou uma boa parte, que riscou a caneta ou furou com alfinetes. Stern ficou um pouco desapontado com isso. A *Vogue* queria dez páginas em preto-e-branco da estrela vestida, ao contrário da preferência do fotógrafo, que adorava nus coloridos. Às vésperas da publicação da revista, para grande pasmo do fotógrafo, Marilyn morreu. E pensar que ele a achara tão comovente, inventiva, alegre e sensual.

Após a morte dela, escreveu: "Marilyn era o perigo, e perigo atrai perigo."

O depoimento de Bert Stern é autêntico e raro, pois também fala de seu próprio envolvimento na experiência. Mostra efetivamente a que ponto foi criado um espaço erótico, durante uma sessão de fotos, qual uma dança que atinge o paroxismo, espécie de performance amorosa entre o fotógrafo e a modelo. Marilyn adorava essa mutação fugaz. Um grande momento de criação a dois.

Na mesma época, no dia dos seus trinta e seis anos, 1º de junho de 1962, Marilyn deu início, com George Barris, ao projeto de responder com um livro pessoal e autobiográfico à má reputação criada pelos estúdios a seu respeito. Queria "colocar os pingos nos is", "deixar as coisas claras", dizia.

Oficialmente, era atacada por seus atrasos, atribuídos a "perturbação mental", "fragilidade" patológica e "depressão".

Com Barris, ela fala, ele fotografa. Em seu relato, ela demonstra que a origem popular determinou seu estilo. Conta que sempre foi muito mal remunerada, escandalosamente pior que seus colegas de filmagem, maltratada, sem saber exatamente por quê. Provavelmente pelas mesmas razões pelas quais fez imenso sucesso: o lado popular de seu gestual, sexy e acessível a todos.

Barris, amigo de Marilyn desde 1954, fez as últimas fotos dela. Após uma de suas sessões de trabalho com vistas ao livro, partiram para o litoral a fim de fazer algumas fotos. São imagens bastante naturais. Marilyn está sorridente, pouco produzida, cabelos molhados, ao sabor do vento, veste um casaco de lã mexicano sobre um maiô e tem atitudes alegres e simples. Barris não falou quase nada, ficou sem voz após a morte tão súbita de Marilyn.

Ela disse a um jornalista:

> Um dos meus problemas dá muito na vista. Estou sempre atrasada. As pessoas imaginam que seja por arrogância, mas acho que é exatamente o contrário. Sinto que não faço parte, que nunca farei parte dessa cavalgada americana, em que as pessoas passam a vida correndo de um lugar para o outro, muito, muito rápido; e sem razão realmente aceitável. O importante para mim é estar pronta para representar o espetáculo. Preciso confiar nos meus recursos. Conheço um monte de gente que é perfeitamente capaz de ser pontual, mas é para não fazer nada a não ser ficar sentado contando sua vida ou falando todo tipo de tolice. Clark Gable costumava dizer a meu respeito: "Quando ela está presente, está presente. Está presente inteira, para trabalhar."

No espaço privado da sessão de fotos, Marilyn confiava em seus recursos, estava pronta para o que viesse, para a metamorfose do instante, para fazer advir uma aparição que produzia a imagem como ação.

Essa ação da imagem por intermédio da luz dividida nos prende a seu corpo em perpétua ressurreição. De fato, a morte deve estar em algum lugar, observa Barthes; ora, não está mais no âmbito religioso. E a fotografia é contemporânea do recuo dos rituais, correspondendo à intrusão de uma morte extra-ritual, segundo ele uma morte *literal*. A imagem fotográfica produz a morte ao querer preservar a vida. Clique/claque, a vida/a morte.

A explosão de vida de Marilyn que pulsa em mim profundamente quando olho suas fotos instaura a confusão inusitada do "foi" e do "é".

Conclusão

Mesmo quando alguém quer ser justo com Marilyn, há sempre um ponto ou momento de desqualificação. Em sua peça, Miller a quer muda, ele foge de um *no more, no more*. Matthew Smith a censura, suprime as *bad words* a fim de proteger a decência de sua memória etc.

Arthur Miller não conseguiu resistir ao que inaugurara com Marilyn por ocasião de *Os desajustados*: o ponto em que o amor promove uma mutação decisiva, como uma suspensão, ali onde é a vida que é escolhida à beira da morte. E Miller se salvou.

A forma como Marilyn sempre explode na tela do senso comum faz com que a maioria se proteja dela, seja com a moral, com a ajuda, a compreensão ou a sedução — atitudes que se pretendem generosas, mas que se provam assassinas.

Marilyn exacerbava os sentidos múltiplos que produzia durante suas performances até eles implodirem no próprio terreno do visível. Isso gera um efeito de paródia que de súbito abre a fechadura dos sentidos ao instante do olhar. Essa eclosão é um momento de alegria e alívio. Para cada situação, Marilyn recriava um momento de aparição. Dizem que era um personagem do cinema mudo em virtude de sua aptidão incrível para a expressividade. A observar de perto, em suas posturas há sempre características que se contradizem, e a voz espantosamente vem infletir o que a imagem deve supostamente dizer. Para Godard, o cinema mudo era o verdadeiro cinema, porque o público fazia seu próprio texto.

Não basta ver os filmes, olhar as fotos. É preciso examinar os documentos de arquivos, quando vemos Marilyn locomover-se, responder a entrevistas, descer de um avião, pintar-se, arremessar a bola, apresentar-se durante seus casamentos ou divórcios — sua performance visual enfatiza, e até mesmo subverte, os efeitos de sentidos textuais induzidos pela representatividade da imagem. Em outras palavras, o movimento visual levado ao extremo, exacerbado e multiplicado, subverte o que julgamos compreender, ou saber, sobre a imagem no nível do pensamento. A performance de Marilyn fornece um sentido fácil para imaginar e pensar e, ao mesmo tempo, o dissolve. Instante de alegria, fonte de libertação para os que se deixam iludir, motivo de repulsa para os que temem ser iludidos.

Marilyn acreditava ter em si uma exigência única. Procurava incansavelmente uma orientação correta na vida.

Poucos sabem que Marilyn escrevia poesia. Dedicava seus poemas a Norman Rosten, também poeta, única pessoa a se envolver com ela apenas pela amizade.

Eis alguns fragmentos:[1]

Ao salgueiro que chora.
Eu ficava de pé sob teus galhos
E floresceste e finalmente te agarraste a mim
Quando o vento nos atingiu... na terra
E na areia te agarraste a mim.

Ou então:

Vida em momentos estranhos
Eu sigo suas duas direções
Bem ou mal fico suspensa, atraída pelo vazio
Enquanto suas duas direções me puxam.

Outro fragmento:

Noite da noite — relaxante.
Trevas — refrescantes — o ar
Parece diferente — a noite não tem
Nem olhar nem nada — Silêncio —
Exceto para a própria noite.

Com Marilyn, alguma coisa poderosa e fascinante torna-se convincente e nunca se fecha sobre uma resposta. Há sempre uma atualidade viva em Marilyn Monroe. Ela é sobrevivência.

Em 1962, ao morrer, Marilyn cristalizou no seu nome (sua pessoa, sua imagem, sua obra) o que o século XX introduziu de desconstruções essenciais das identidades tradicionais (sexuais, políticas, econômicas, culturais, artísticas e de comunicação). O singular não se prende mais ao um, nem ao eu — é movimento em ato, performance.

Por seu gestual, seu magnetismo, sua dança, Marilyn fazia suas criações tocarem o eterno contemporâneo. Ela realizava em ato, positiva e alegremente, o que Guy Debord denunciava com a escalada da sociedade do espetáculo. Marilyn subvertia o real da representação: banalização ao extremo, repetição das imagens, misturando o verdadeiro e o falso sucessivamente. Não tinha intimidade a ser preservada, nem desejo de testemunhar, nem algo a ser desvelado; colocava em ação no visível um espaço de ser não negociável. Resta apenas legendar o advento da emoção no lugar da compreensão. O efeito de sua imagem funcionava como um vírus contagiante. Ela própria é a obra e a artista, dissolvendo em si essa dicotomia. Artista sem objeto, sem moldura: uma aparição que é puro suspense.

Para mim, quem mais entrou em sintonia com o fenômeno Marilyn foi Andy Warhol, que contribuiu de maneira fulgurante para transformar sua imagem em ícone ao metamorfosear sobrevivência em contemporaneidade.

Quando Marilyn morreu, Warhol passava por um momento difícil, queria mudar a direção de seu trabalho, mas faltavam-lhe idéias. Comprava então idéias dos outros. Venderam-lhe a idéia de pintar o que mais lhe interessava: dinheiro! Então pintou cédulas de 1 dólar. Depois, a idéia de pintar coisas simples. Por que não latas de sopa Campbell's?

"O que é formidável"[7], dizia Warhol, "é que os EUA criaram uma tradição em que os consumidores mais ricos compram a mesma coisa que os mais pobres. Você pode ver televisão e beber Coca-Cola, você pode saber que o presidente bebe Coca. Uma Coca é uma Coca. Liz Taylor sabe disso, o presidente sabe, o mendigo sabe e você sabe... Todos bebem Coca, todas as Cocas são iguais e todas as Cocas são boas... A idéia dos Estados Unidos é formidável, porque quanto mais uma coisa é igual mais ela é americana... Acho que todos são iguais e agem da mesma maneira." Não é preciso ser comunista para isso, ele diz. "Todo mundo deveria ser uma máquina. Acho que todo mundo deveria amar todo mundo. Ser pop é amar as coisas."[2] Segundo Keller, Warhol criou "... uma realidade da qual está excluída toda noção de identidade".[3]

A morte de Marilyn Monroe inspirou uma nova técnica a Andy Warhol, então em plena mutação.

> Em agosto de 1962, comecei a fazer serigrafias em seda, queria alguma coisa mais forte que fizesse sobressair o efeito de linha de montagem. Com a serigrafia, obtemos sempre a mesma imagem com ligeiras diferenças de uma para outra. Era muito simples e rápido, e o resultado, freqüentemente inesperado! Eu estava encantado. ... E depois, no mês em que Marilyn morreu, ocorreu-me a idéia de fazer esse rosto soberbo em serigrafia, e daí surgiram as primeiras Marilyns.[4]

Para Nuridsany, a repetição e a disposição em tela remetem à produção comercial da arte como mercadoria. Foi o que fez o sucesso da estética de Warhol. "Não há hierarquia nas informações. A aparência e a pessoa não contam mais, pois o que está em questão é o mundo das parcelas, da multiplicação ou da divisão. Da série."[5] Assim, ele comenta a morte: "A morte multiplicada deixa de ser trágica, banaliza-se, chegando a produzir certa indiferença. A repetição uniformiza tudo. Um acidente, um rosto de Marilyn, a cadeira elétrica, uma lata de sopa Campbell's, tudo se equivale. E nada tem importância."[6] Warhol, por sua vez, reivindica voluntária e ativamente o espetáculo como "o contrário do diálogo" e aquilo que Fellini denuncia — "a imagem reduzida ao estado de confete" —, porém não de qualquer maneira. Ao mesmo tempo que o procedimento serigráfico anula certa unidade da figura, cada prancha é particular, por suas cores, seus borrões, seus defeitos de tingimento, suas limpezas malfeitas. Nenhuma imagem, com motivos imutáveis, é a mesma. Marilyn multiplicada está sempre intensamente presente nessa multiplicação tremeluzente que lhe cai tão bem. "A tinta borra na boca lavada dos lábios [de Marilyn] e a repetição degrada. O rosto não pode mais morrer, pois já não apresenta sinal de vida", escreve Otto Hahn.

"O verdadeiro é um momento do falso", dizia Debord. Warhol levou isso ao paroxismo, ele que mandava qualquer um em seu lugar para as entrevistas, dizendo que suas serigrafias eram feitas pelos outros. Assim, "todos podem usurpar a identidade de um outro", toda identidade é suspensa.[7] A singularidade não é mais tributária do traço, mas do borrão.

Marilyn, em seu magnetismo de aparição luminosa, inventando a cada instante o acontecimento, subverteu a imagem feminina de que era a quintessência visual. Sua performance é mutação: mulher-mulher, travestida, transgênero, pouco importa. Ela inaugura uma atualidade em que cada encontro e cada laço terão de se inventar em sua precisão viva como performance efêmera, nem homem, nem mulher, nem casal, tudo isso ao mesmo tempo e outra coisa, *lost in translation*.

Notas

Parte I. **Norma Jeane Mortensen** *(p.13-32)*

1. M. Monroe, *My Story*. Nova York, Stein and Day, 1974. Nas citações desse livro, os números de páginas referem-se à edição francesa, *Confession inachevée* (Paris, Robert Laffont, 1974).

2. N. Mailer, *Marilyn*. Paris, Stock/Albin Michel, 1974, p.29.

3. H.J. Lembourn, *Quarante jours et Marilyn*. Paris, Robert Laffont, 1980.

4. M. Monroe, op.cit., p.22.

5. Todas essas informações são fornecidas por diversas biografias, sendo que estas provêm de D. Spoto, *Marilyn Monroe, la biographie*. Paris, Presses de la Cité, 1993.

6. Georges Belmont, entrevista com Marilyn Monroe realizada para a revista *Marie-Claire*, publicada em 1960.

7. D. Spoto, op.cit., p.43.

8. M. Zolotow, *Marilyn Monroe*. Nova York, Harper/Perennial, 1990 (1ª ed. 1960), p.18.

9. D. Spoto, op.cit., p.49.

10. Dossiê de Gladys Monroe Baker, Los Angeles General Hospital, 1935. Conservado por Marilyn Monroe, proveniente dos arquivos Milton Greene, citado por D. Spoto, op.cit., p.49.

11. Ficha conservada por Marilyn Monroe proveniente dos arquivos Milton Greene, citado por D. Spoto, op.cit., p.53.

12. *Life*, vol.32, nº14, abr 1952.

13. Registros do orfanato com data de 20 de fevereiro de 1937.

14. Ele morreu em 1981, no condado de Riverside, Califórnia.

15. Notas não revisadas do escritor Ben Hecht, que escreveria a autobiografia de Marilyn ditada por ela em 1954, mas não pôde publicá-la na época em virtude da oposição de DiMaggio. Quando foram publicadas no *British Empire News*, Marilyn, apontando erros de transcrição, ameaçou entrar com um processo. Depois da morte da estrela, elas foram revisadas por M. Greene (ver M. Monroe, op.cit.).

16. D. Spoto, op.cit., p.68.

17. Ibid., p.70.

18. Essas informações, presentes em todas as biografias, provêm das lembranças de Jim, James E. Dougherty, e das entrevistas — freqüentemente editadas — que concedeu.

19. J.E. Dougherty, *The Secret Happiness of Marilyn Monroe*. Chicago, Playboy Press, 1976.

20. Seu exaustivo trabalho foi publicado recentemente pela Taschen em um magnífico livro que contém todas as fotos que tirou de Norma durante essa temporada, bem como o

fac-símile de seu diário. Um documento desse tipo tem a vantagem, ao contrário da maioria dos outros, de não ter sido manipulado através do prisma do sucesso posterior de Marilyn.

21. A. de Dienes, *Marilyn*. Taschen, 2002.

22. Ibid., p.97.

Parte II. **Marilyn Monroe** (*p.33-142*)

1. A. de Dienes, op.cit., p.110.

2. A lista dos patrocinadores do Laboratório era um verdadeiro *who's who* do comunismo hollywoodiano.

3. Citado por A. Summers, *Les vies secrètes de Marilyn Monroe*. Paris, Presses de la Renaissance, 1986, p.59.

4. M. Monroe, op.cit., p.101.

5. D. Wolfe, *Marilyn Monroe, enquête sur un assassinat*. Paris, Albin Michel, 1998.

6. Uma menina nascida em novembro de 1947 teria sido entregue a uma família de origem siciliana do Brooklyn sob o nome de Nancy Maniscalco Greene. Ela viria a dar seu depoimento a *Hard Copy* em 1991. Sua avó lhe teria ensinado que a "bela dama" que costumava visitá-la era sua mãe verdadeira, Marilyn Monroe. Ela teria sido entregue a essa família pelo chefão da Máfia nova-iorquina. Nancy acha-se atualmente no centro das disputas legais e batalhas jurídicas que vieram à tona a partir dos papéis em posse de Cuzack, advogado dos Kennedy. Em suas trezentas páginas, a maioria manuscrita, referentes aos negócios legais entre John Kennedy e Marilyn Monroe, há documentos que diriam respeito a um acordo financeiro em benefício de Gladys, mãe de Marilyn, e Berniece, sua meia-irmã, como indenização por "promessas falaciosas e não cumpridas de JFK a Marilyn". Em um documento escrito pelo punho de JFK, datado de 1960, ele dá sua opinião a respeito de Nancy Greene e sobre a vontade de "MM tornar isso público". Wolfe conclui com a afirmação estarrecedora: "Se assim for, John Kennedy era o pai da criança!"

7. M. Monroe, op.cit., p.119.

8. Elia Kazan, *Une vie*. Paris, Grasset, 1989.

9. Ibid., p.408.

10. Ibid., p.417.

11. Citado por D. Spoto, op.cit., p.180.

12. M. Monroe, op.cit., p.202-3.

13. D. Spoto, op.cit., p.186.

14. Ibid., p.187.

15. H.J. Lembourn, op.cit., p.108.

16. Essa história, embora contestada, é possivelmente verdadeira e teria se passado no fim de 1952. É contada pelo próprio R. Slatzer em seu livro *Enquête sur une mort suspecte: Marilyn Monroe*. Paris, Julliard, 1974.

17. D. Spoto, op.cit., p.205.

18. H.J. Lembourn, op.cit., p.201.

19. Citado por D. Spoto, op.cit., p.209.

20. D. Spoto, op.cit., p.267.

21. B. Leaming, *Marilyn, une femme*. Paris, Albin Michel, 2000, p.169.

22. Idem.

23. D. Wolfe, op.cit., p.296-7.

24. Termo utilizado por Kazan.

25. E ela rendia milhões para a Fox. Ver D. Spoto, op.cit., p.304.

26. Citado por B. Leaming, op.cit., p.195.
27. A. Miller, *Au fil du temps, une vie*. Paris, Grasset, 1988, p.323.
28. Ibid., p.324.
29. *After the Fall*. Nova York, Penguin, 1980.
30. D. Spoto, op.cit., p.352.
31. Ibid., p.353.
32. Ibid., p.354.
33. S. Signoret, *La nostalgie n'est plus ce qu'elle était*. Paris, Seuil, 1976.
34. D. Spoto, op.cit., p.374.
35. "*The Misfits*, chronique d'un tournage par les photographes de Magnum", *Cahiers du Cinéma*, 1999, p.56.
36. Ibid., p.14-5.
37. Ibid., p.50.
38. D. Wolfe, op.cit., p.400.
39. James Goode, fotógrafo, fez um diário, *The Story of* The Misfits, por ele publicado e fonte de vários testemunhos em imagens e relatos.
40. *Cahiers du Cinéma*, op.cit., p.70.
41. Arthur Miller, *Au fil du temps*..., op.cit., p.443.
42. Uma visita com sua nova mulher, Inge Morath, ao campo de concentração de Mauthasen e sua presença no processo dos guardas de Auschwitz deram novos rumos à sua inspiração.
43. Arthur Miller, *After the Fall*, op.cit.
44. Pouco antes de morrer, Miller declarava tranqüilamente que "as mulheres são mais vivas e se interessam mais pelas pessoas" que os homens, que são "abstratos em relação a suas idéias". Entrevista a Deborah Solomon, *New York Times Magazine*, 19 set 2004.
45. Entrevista a Deborah Solomon.
46. Em 20 de janeiro de 1961.
47. D. Spoto, op.cit., p.412.
48. D. Wolfe, op.cit., p.421.
49. Ibid., p.429.
50. Ibid., p.529.
51. O DVD *Marilyn Monroe: The Last Days* traz um documentário sobre as filmagens, uma exposição sobre os últimos dias de Marilyn segundo a versão oficial e 35 minutos do início do filme, apresentado por James Coburn.
52. Documento censurado pelo FBI, reproduzido por D. Wolfe, op.cit., p.530.
53. Depoimento de um certo Rothmeiler ao documentário *Marilyn, Contre-enquête sur une mort suspecte*, de Jean Durieux, Arnaud Hamelin e Fabienne Verger, para o canal France 2, 1999.
54. Sabemos, pela fita que Marilyn entregou a Greenson, que ela conservava sua estima e admiração por J.F. Kennedy (ver M. Smith, *Victime*. Plon, 2003 — revelações que abordaremos adiante).
55. Nove negativos em que Marilyn, de quatro, é cavalgada por Giancana.
56. Sabemos que Marilyn queria se livrar de Mrs. Murray, sua governanta, mas temia eventuais declarações à imprensa e revelações sórdidas. Ela queria que Greenson a ajudasse a despedir Mrs. Murray por meio de uma pequena estratégia. Talvez essa estratégia já houvesse funcionado, pois no dia da morte de Marilyn constatou-se que as bagagens da governanta estavam prontas; ela deixaria o local no mesmo dia ou no dia seguinte.
57. Foi impossível para o detetive Fred Otash (para Spindel) recuperá-las por vias legais.
58. Documentário citado, France 2, 1999.

59. Depoimentos apresentados no documentário citado.
60. D. Wolfe, op.cit., p.98.
61. DVD *Marilyn Monroe: The Last Days*.
62. D. Wolfe, op.cit., p.57.
63. Ibid., p.56.
64. Ibid., p.58.

Parte III. **Actor's Studio, psicanalistas e fotógrafos: avatares da aparição** *(p.143-186)*

1. Ela havia feito o papel de Anne Frank na Broadway aos dezessete anos, e fora um sucesso.
2. C. Stanislavski, *A construção do personagem*. Rio de Janeiro, Civilização Brasileira, 2001.
3. Paris, nov 2003.
4. Edição francesa: Interédition, 1989.
5. D. Spoto, op.cit., p.407.
6. Emigrada em 1939, ela estudara medicina em Viena e depois em Praga.
7. Correspondente a 20.000 dólares. D. Spoto, op.cit., p.317.
8. A. Summers, op.cit., p.205.
9. D. Spoto, op.cit., p.376.
10. Ibid., p.400.
11. E. Young-Bruehl, *Anna Freud*. Paris, Payot, 1991, p.392.
12. D. Spoto, op.cit., p.413.
13. "*Mental meanderings*", como ela própria disse tão bem sobre Molly Bloom nas gravações que examinaremos adiante, publicadas no livro de M. Smith, op.cit.
14. D. Spoto, op.cit., p.427.
15. N. Rosten, "Une histoire qui n'a pas été racontée", *Cinéma Aujourd'hui*, n.1, mar-abr 1975, p.64.
16. D. Spoto, op.cit., p.456.
17. Em 20 de agosto de 1962, correspondência cujo acesso nos foi negado, embora citada por Don Wolfe.
18. *Medical Tribune*, 24 out 1973.
19. Para a tradução francesa dos excertos da transcrição das fitas, ver M. Smith, op.cit.
20. R. Barthes, *La chambre clair* in *Oeuvres complètes* V. Paris, Senil, p.854.
21. Documentário *Marilyn malgré elle*, realizado para a televisão por Patrick Jeudy.
22. Publicado por Maurice Gordias.

Conclusão *(p.187-191)*

1. N. Rosten, op.cit., p.45.
2. Citado por Michel Nuridsany, *Warhol*. Paris, Flammarion, 2001, p.149.
3. J.-P. Keller, *La nostalgie des avant-gardes*. Zoé/L'Aube.
4. A partir de uma foto de Frank Powolny, in Nuridsany, op.cit., p.190.
5. Ibid., p.191.
6. Ibid., p.194.
7. Em novembro de 1963 foram expostas em Nova York algumas telas das séries "Sopas Campbell's", "Coca", "Red Elvis", uma "Gold Marilyn" e uma "Marilyn" em díptico. Foi um sucesso. Os artistas detestaram, mas o público adorou.

Créditos das ilustrações

Página 27: A jovem Marilyn Monroe, ainda Norma Jeane, c.1947. © Sunset Boulevard/Corbis.

Página 31: Norma Jeane em sessão de fotos na praia, c.1949. © Sunset Boulevard/Corbis.

Página 41: Marilyn Monroe em sua chegada a Nova York, em junho de 1956. © Bettmann/Corbis.

Página 59: Marilyn se apresenta para as tropas norte-americanas na Coréia, em fevereiro de 1954. © Bettmann/Corbis.

Página 65: Marilyn e a cantora Ella Fitzgerald. Hollywood, novembro de 1954. © Bettmann/Corbis.

Página 71: Marilyn lê no Hotel Ambassador. Nova York, março de 1955. © Michael Ochs Archives/Corbis.

Página 103: A equipe do filme *Os desajustados* no set de filmagem. Nevada, 1961. © Underwood & Underwood/Corbis.

Página 129: Marilyn canta "Parabéns pra você" para o presidente John F. Kennedy no Madison Square Garden. Nova York, maio de 1962. © Bettmann/Corbis.

Página 151: Marilyn diante da placa do Actor's Studio. Nova York, 1956. © Bettmann/Corbis.

Página 167: Marilyn em Nova York, em março de 1955. © Michael Ochs Archives/Corbis.

Página 181: O fotógrafo Douglas Kirkland clica Marilyn nua sob os lençóis. Hollywood, 1961. © Douglas Kirkland/Corbis.

Este livro foi composto por Susan Johnson,
em Eletra e Formata, e impresso por Geográfica Editora
em novembro de 2006.